Anonymus

Die Vorläufer des polnischen Aufstandes

Geschichte des Königreichs Polen von 1855 bis 1863

Anonymus

Die Vorläufer des polnischen Aufstandes
Geschichte des Königreichs Polen von 1855 bis 1863

ISBN/EAN: 9783742870759

Hergestellt in Europa, USA, Kanada, Australien, Japan

Cover: Foto ©ninafisch / pixelio.de

Manufactured and distributed by brebook publishing software (www.brebook.com)

Anonymus

Die Vorläufer des polnischen Aufstandes

Die Vorläufer

des

polnischen Aufstandes.

Beiträge

zur

Geschichte des Königreichs Polen

von 1855 bis 1863.

Leipzig

Verlag von Otto Wigand.

1864.

Vorwort.

Vorliegende Arbeit ist in ihren Grundzügen in Feuilletonartikeln der „National-Zeitung" bereits vor die Oeffentlichkeit getreten, und ihr Verfasser hatte hinter dem unfreiwilligen Versteck seiner Anonymität die Genugthuung, aus deutschen und polnischen Kreisen Stimmen lobender Anerkennung zu vernehmen. Dies hat ihn, obgleich er sich zur Geschichtsschreibung nicht berufen fühlt, ermuthigt, die genannten Feuilletonartikel umzuarbeiten, Vieles, was dort nur angedeutet werden konnte, näher auszuführen und die so entstandene geschichtliche Skizze zu veröffentlichen. Hoffentlich wird dieselbe einem künftigen Darsteller der hier gezeichneten ereignissreichen Zeitepoche zum Leitfaden dienen können; möchte sie jedoch schon jetzt dem grössern deutschen Publikum einige Aufklärung geben über die wenig gekannten und vielfach verkannten inneren Verhältnisse in Polen! Der Verfasser ist sich bewusst, nach Unparteilichkeit und Ruhe in seiner Darstellung dieser aufgeregten Zeit gerungen zu haben, wiewohl er nicht läugnet, dass er mit seinen Sympathien auf Seiten der Bedrückten steht.

Einleitung.

Es dürfte ein kühnes Unternehmen scheinen, jetzt schon den Gang einer Bewegung beschreiben zu wollen, die zum inneren Abschluss noch lange nicht gediehen ist, deren äusserliches Ende aber alle Menschenfreunde nicht ohne das Gefühl banger Furcht erwarten.

Obwohl Augenzeuge der polnischen Vorgänge seit dem Tode Nikolaus I. und in der Lage, mit ruhigerem Auge durch die stürmisch bewegte Oberfläche in manche den Betheiligten selbst unzugängliche Tiefe zu blicken, weiss ich dennoch, dass mir im Laufe meiner Erzählung oft der Faden wird entschlüpfen müssen, der von unsichtbarer Hand im Dunkeln weiter gesponnen wird, bis er wieder ans Tageslicht kommt.

Aber einerseits ist der Zeitabschnitt von der Thronbesteigung Alexanders II. bis zum Ausbruch des bewaffneten Aufstandes in Polen dem deutschen Publikum noch zu wenig bekannt, als dass nicht jedes auf ihn geworfene Streiflicht erwünscht sein müsste; andererseits kann die dem Aufstande vorangegangene Bewegung, vom 27. Februar 1861 bis zum 22. Januar 1863, in so fern als ein abgeschlossenes und wissenswerthes Ganzes betrachtet werden, als sie die eigenthümliche und, wie ich glaube, einzige Erscheinung darbietet, dass unter den Augen der Regierung eine nationale Erhebung vorbereitet wurde, die das ganze Volk in ihrem furchtbaren Schwunge mit sich fortzureissen bestimmt war.

Was Jahre lang im Stillen vorbereitet wurde und nur hier und da im Laufe des Jahres 1860 an einzelnen kleinen Ausbrüchen sich der russischen Regierung bemerkbar machen konnte, wenn dieselbe nicht allzu sorglos gewesen wäre, — das trat mit dem 27. Februar 1861 offen als ein geistiges Fluidum auf und elektrisirte mit Blitzesschnelle die ganze polnische Nation in allen Landestheilen.

Hätte die russische Regierung, anstatt der mannigfachen Versuche, dieses unfassbare geistige Etwas zu unterdrücken, es zu leiten unternommen — es wäre ihr wahrlich nicht schwer geworden, den bewaffneten Aufstand zu verhindern und ein aufgeregtes Volk mit Wenigem zufrieden zu stellen. Sie hat es nicht verstanden oder nicht gewollt, und Europa geniesst jetzt den furchtbar erhabenen Anblick einer in Verzweiflung ihre edelsten Söhne zur Schlachtbank führenden Nation.

Ehe wir jedoch zu unserer Darstellung übergehen, mögen hier einige Worte über den Charakter der polnischen Angelegenheit gegenüber Russland ihre Stelle finden.

Die polnische Frage hat, wie fast ohne Ausnahme alle politischen Fragen der Gegenwart, eine nationale und eine sociale Seite. Das Streben nach nationaler Selbständigkeit und Einheit einerseits, das Verlangen nach bürgerlicher Freiheit, Gleichberechtigung aller Stände und Volksvertretung andererseits — Beides zusammen bildet den Inhalt der polnischen Bewegung seit ihrem Wiedererwachen im Jahre 1861. Mit der Forderung innerer Freiheit trat die Bewegung in Congresspolen auf, und da dieser Forderung auch nicht annähernd Genüge gethan wurde, machten die nationalen Ansprüche um so entschiedener sich geltend.

Der **nationale** Theil der polnischen Frage, in ihrer
Ausdehnung auf die dem russischen Scepter unterworfenen
Landesgebiete des ehemaligen Polenreiches, bietet die Eigenthümlichkeit dar, dass ihr Schwerpunkt und ihr Mittelpunkt
nicht coincidiren, sondern weit auseinanderfallen. Der Mittelpunkt der polnischen Angelegenheit ist das Congressreich,
ihr Schwerpunkt — die Provinzen Lithauen und Reussen.

Das **Congressreich** hat trotz aller von Russland
erfahrenen Vergewaltigungen dennoch einen Schatten getrennter Verwaltung sich bewahrt; eine Inkorporirung desselben in das russische Reich liegt natürlich in der Absicht
seiner Beherrscher und ist auch unter verschiedenen Formen
versucht worden, doch musste selbst Nikolaus hierbei vorsichtig zu Werke gehen, wenn er nicht den lauten Protest
der Westmächte wachrufen und den Wiener Traktat, jene
Schutzmauer der heiligen Allianz, mit eigener Hand niederreissen wollte. Insofern also, als das Königreich Polen noch
immer formell in einem internationalen Verhältniss zum Kaiserreich sich befindet, muss jede nationale Bewegung der
Polen von diesem kleinen Ueberrest des ehemaligen Polenreiches ihren Ausgangspunkt nehmen. Aber auch die Beschaffenheit seiner Einwohnerschaft macht das Congressreich
zum natürlichen Anführer in allen polnisch nationalen Kämpfen, mögen dieselben geistiger oder materieller Natur sein.
Im Vergleich nämlich zu den Einwohnern der übrigen russisch-polnischen Provinzen bildet die Bevölkerung des Königreichs eine einheitliche enggeschlossene Masse: ihre Sprache
ist fast durchweg die rein polnische, ihre Religion vorherrschend die römisch-katholische. Sprache und Religion erhalten hier demnach den Gegensatz gegen das Russenthum
in seiner ganzen Schroffheit, während in Lithauen und
Reussen die von der russischen Regierung bei ihrer Okkupirung vorgefundenen religiösen und sprachlichen Ver-

schiedenheiten (das griechisch-katholische und unitische Bekenntniss und der reussische Dialekt der Bauern) bequeme Vorwände boten, um den eben erwähnten Provinzen die polnische Nationalität streitig zu machen, die Propaganda für die orthodoxe Kirche mit echt moskowitischen Bekehrungsmitteln zu betreiben und die polnischen Elemente zu Gunsten der dem Russischen näher verwandten ruthenischen zu verdrängen*).

Endlich die geographische Lage des Congressreiches inmitten der drei in fremde Territorien einverleibten polnischen Gebietstheile, sowie nicht minder die alte historische Stellung Masoviens und seiner Hauptstadt Warschau machen es nothwendig, dass jede nationale Regung, soll sie anders das ganze polnische Volk durchdringen und erschüttern, vom Königreich und speciell von seinem Herzen, Warschau, ausgehen muss.

Der **Schwerpunkt** aber der polnischen Angelegen-

---

*) Dieses Verhältniss zwischen Congresspolen und dem s. g. eroberten Lande ist die alleinige Ursache, warum wir im Folgenden hauptsächlich die Ereignisse im erstern besprechen werden, während hin und wieder auf korrespondirende Vorgänge in dem letztern hingewiesen werden wird. Dass wir nicht zu denjenigen gehören, welche bona oder mala fide das historische Recht Polens auf eine gemeinsame Verwaltung mit den Provinzen Litbanen und Reussen als durch die Geschichte verwischt ansehen, dürfte aus der ganzen Haltung unserer Schrift genügend ersichtlich sein. Trotz aller kaustischen Mittel ist es der russischen Regierung doch noch immer nicht gelungen, polnischen Charakter, polnische Ueberlieferungen und polnisches Bewusstsein aus jenen Provinzen wegzubeizen, und auch die Bemühungen tendenziöser Sprachforscher, Reussisch und Russisch zu identificiren, sind ebenso fruchtlos geblieben, wie die geschichtlichen Fälschungen historischer Miethlinge, welche das ursprüngliche Verhältniss zwischen Moskau und Polen auf den Kopf stellen wollen. Nur die **freie Wissenschaft** darf mitsprechen, wenn über Völker zu Gerichte gesessen wird, und nur die Civilisation darf, was sie erobert, ihr Eigenthum nennen.

heit, soweit sie Russland betrifft, liegt in den s. g. eroberten Provinzen.

Dem Congressreiche seine Autonomie in Verwaltung und innerer Entwicklung wiedergeben, hiesse für Russland so viel, als einem in der Kultur höher stehenden Gegner die Waffe in die Hand geben zur Eroberung derjenigen Gebiete, welche der Petersburger Hof als integrirende, unablösliche Bestandtheile seines europäischen Reiches anzusehen sich gewöhnt hat, und welche gleichwohl niemals nach dem Westen zu blicken aufgehört, niemals ihre frühere Verbindung mit dem Bruderstamme an der Weichsel vergessen haben.

So lange das 1815 gegründete Königreich noch geschont und das Nationalgefühl der Lithauer, Podolier u. s. w. noch berücksichtigt werden musste, war die Vereinigung Congresspolens mit den „westlichen Gubernien" die blendende Perspective, welche der russische Kaiser als König von Polen dem Warschauer Landtag und dem polnischen Volke vorhielt*).

Mit dem Augenblicke, da man diese Rücksicht fallen lassen zu können glaubte, nannte man am Petersburger Hofe die polnischen Vereinigungswünsche eitle „Träumereien", die zu verwirklichen weder im Willen noch in der Macht der russischen Dynastie läge, es müsste denn Russland einen Selbstverstümmelungsakt begehen und seine eigenen Söhne dem slawischen Bruderstamme an der Weichsel wider deren Willen und Wunsch opfern wollen.

Während man so in amtlichen Kreisen die „westlichen Gubernien" als ein unverlierbares russisches Besitzthum auszugeben sich bemühte und zu dem Zwecke die Geschichte

---

*) S. die Thronrede Kaisers Alexander I. bei Mochnacki, Powstanie naroda Polskiego, Bd. I. S. 159 u. ff.

wie die Sprachkunde in Sold nahm, konnte man gleichwohl niemals der Furcht vor dem Verluste der in Rede stehenden Provinzen in Petersburg sich erwehren, und diese Furcht brachte im Verein mit dem Verlangen, das Königreich zu inkorporiren, die wunderlichsten Widersprüche in der Verwaltung dieser Länder hervor.

Während z. B. unter Nikolaus das Warschauer Unterrichtsministerium zu einem Lehrbezirk degradirt und dem Petersburger Ministerium für öffentliche Aufklärung zugetheilt wurde, während ebenso das Post- und Steuerwesen und andere Verwaltungszweige ihren Centralpunkt in Petersburg erhielten, und demnach die Einverleibung Polens in Russland immer näher rückte, ist es sicherlich nicht blosser Zufall, dass zwischen Russland und Polen noch bis heute kein Postvertrag besteht, und der Briefverkehr zwischen diesen beiden Ländern durch den Frankozwang bedeutend erschwert wird, während Russland und Polen mit fast allen andern Staaten bereits Postconventionen vereinbart haben. Ebensowenig hat es das Petersburger Kabinet über sich vermocht, den Wielopolskischen Schulreorganisationsentwurf ohne die Klausel durchzulassen, dass Zöglinge aus den westlichen Provinzen nur mit Erlaubniss ihrer Behörden eine Schulanstalt des Königreiches besuchen dürfen. Man konnte in Petersburg zu keiner Zeit der Befürchtung sich entschlagen, der Verkehr zwischen dem polnischen Kronlande und seinen Nachbarn könnte dem „Traum" von der Zusammengehörigkeit derselben einen Schein der Wahrheit verleihen.

Eben diese Befürchtung hat vom Jahre 1861 ab das schroffe Verhalten Russlands gegen die gemässigtsten Ansprüche des Königreiches diktirt und allen dem letztern eingeräumten Zugeständnissen einen Stachel beigegeben, der die Gemüther reizte, anstatt sie zu beruhigen. Dieselbe

Furcht war es, welche die Verwirklichung der verheissenen Reformen so lange wie möglich hinausschob und die eingeführten so weit wie möglich restringirte, welche jede Mitarbeit des Volkes an der innern Reorganisation des Landes misstrauisch zurückstiess und die extremsten nationalen Forderungen um so entschiedener aufzutreten veranlasste, als die auf die Reformen gesetzten Hoffnungen bitter enttäuscht wurden.

Wieviel ausserdem bürcaukratische Beschränktheit, soldatische Rohheit und persönliche Leidenschaftlichkeit, die natürlichen Organe einer von Furcht erfüllten Regierung, mit dazu beitrugen, um die Entscheidung des polnisch-russischen Streites dem blutigen Schwerte und dem Terrorismus von oben und von unten her in die Hände zu legen, das soll in unserer Darstellung des Näheren auseinandergesetzt werden.

Welches aber auch das Ende des jetzigen Aufstandes sein möge, die **sociale Umwälzung**, welche mit der geistigen Erhebung des Jahres 1861 in Polen fast urplötzlich und kampflos sich vollzogen hat, wird nie mehr ganz rückgängig gemacht werden können.

Das Princip der Gleichberechtigung aller Stände und Bekenntnisse ist in dem Augenblick durch alle Schichten des polnischen Volkes gedrungen und zur Anerkennung gelangt, als der städtische Bürgerstand sich an die Spitze der nationalen Bewegung stellte und den Adel zu allen möglichen Anstrengungen zwang, um der Bewegung nachzueilen, anstatt dass er sonst als der einzige Vertreter des nationalen Lebens sich anzusehen gewohnt war.

Dieses Princip der Gleichberechtigung aller Stände und Bekenntnisse hatte insofern für die Stärke der geistigen Bewegung eine unmittelbar praktische Bedeutung, als der Bürgerstand einen ansehnlichen Theil von Juden in sich schliesst, die den achten Theil der Gesammtbevölkerung bilden, fast ausschliesslich die Städte bewohnen und Handel und Handwerke betreiben. Die politische Klugheit gebot es, dieses bisher vernachlässigte Element in die Bewegung hineinzuziehen; dass dies gelang, gereicht dem polnischen, bisher so arg fanatisirten Volke zur Ehre. Ein anderer fremdartiger Theil in den Städten waren die deutschen Fabrikanten und Industriellen, welche zum Theil schon polonisirt und dennoch der polnischen Gesellschaft bisher noch nicht zugezählt worden waren, weil ihre Sprache in der evangelischen Schule und Kirche noch vorwiegend die deutsche war und hauptsächlich darum, weil in der Volksmeinung nur der Katholik für einen echten Polen, und nur der Grundbesitzer für einen echten Staatsbürger galt.

Diese beiden, bisher als ein Pfahl im Fleische des polnischen Volkes betrachteten Elemente gingen, mit Ausnahme einiger in russischen Anschauungen und in reaktionärer Gesinnung ergrauter Deutschen, im Volke auf, als der Bürgerstand die geistige Führerschaft übernahm, und einige Jahre gemeinsamer Opfer und Leiden haben eine Verschmelzung der Stände und Bekenntnisse zu Wege gebracht, welche der russische Einfluss nie wieder gänzlich aufzulösen im Stande sein wird, da bekanntlich keine Reaktion den status quo ante in der socialen Anschauung wieder zurückzuführen vermag.

Nicht eben so leicht wollte es der Volksbewegung des Jahres 1861 gelingen, das dritte der bisher verstossenen Elemente, den Bauernstand, zu sich herüber zu ziehen. Die lebhafte Parteinahme der öffentlichen Meinung zu Gunsten der Bauern, die auch in den widerstrebendsten Klassen zur Geltung gelangte, und die ausgesprochene Ueberzeugung, dass die gänzliche Aufhebung jedes Abhängigkeitsverhältnisses zwischen den Gutsherren und ihren Bauern unabweisbar sei, blieb auf die Stimmung der Letzteren im Grossen und Ganzen ohne Einfluss, da es nicht in der Macht der Volksbewegung lag, dieser Ueberzeugung durch die That einen Ausdruck zu geben; blosse sympathische Kundgebungen aber finden in der sittlich und geistig verwahrlosten ländlichen Bevölkerung entweder kein Verständniss oder keinen Glauben.

Das erste Dekret der **Nationalregierung** nach dem Ausbruch des bewaffneten Aufstandes betraf die vollständige Befreiung der Bauern, und die russische Regierung hat in ihrem auf die Gewinnung der letzteren abgesehenen Edikt vom 19. Februar (2. März) 1864 nichts weiter gethan, als einen im grössten Theil des Landes bereits provisorisch eingeführten faktischen Zustand auch ihrerseits zum Gesetze zu erheben. Den **Anstoss** jedoch zu dieser unendlich wichtigen Massregel hat in Ermangelung einer legalen Volksvertretung das polnische Volk im Ganzen gegeben, als es seine nationale Stärke in der Gleichheit aller Stände zu erblicken anfing.

Wie diese sociale Umwälzung sich allmählich vorbereitete und plötzlich vollzog, wird Gegenstand unserer Darstellung sein, und wir werden dort auf die hier angedeuteten Verhältnisse noch mehrmals zurückkommen müssen. Hier sollte bloss auf die **sociale** Seite der jüngsten polnischen Bewegung aufmerksam gemacht werden, um darauf hinzuweisen, dass ein Kampf um die nationale Existenz, in welchem ein systematisch demoralisirtes Volk sich regenerirt und den liberalen Ideen der Gegenwart gerecht zu werden sich beeifert, unser volles humanes, d. h. geschichtliches Interesse in Anspruch zu nehmen werth ist.

Der Verfasser.

Erster Abschnitt.

Zustände unter Nikolaus, 1831—55. Charakter des Aufstandes von 1830. Demoralisationsbestrebungen. Politische Handelscompagnie. Aufhebung der Lehranstalten. Lehrer, Schulen u. Censur. Gesetzgebung und Verwaltung. Juden.

Der Aufstand des Jahres 1830/31 hatte die Nerven des polnischen Volkes auf's Höchste gespannt, ohne jedoch die begeisterte Volksthat zur Entwicklung kommen zu lassen, welche der natürliche Ausbruch eines so gespannten Zustandes wäre.

Die militärische und studirende Jugend zumeist hatte den Aufstand vorbereitet und hervorgerufen, und gab darauf, wie dies immer der Fall zu sein pflegt, die Leitung desselben in die Hand des reifern Alters. Aber Diejenigen, welche das begonnene Werk in die Hand nahmen, hatten entweder den Willen oder die Macht nicht, es im Geiste der Urheber fortzuführen. Der Administrationsrath, der die Nacht des 29. November ein bedauernswerthes Ereigniss nannte, die Diktatur, welche mit dem Kaiser Nikolaus korrespondirte, die Nationalregierung, der Landtagsausschuss und wie sonst die Faktoren der Regierung in Warschau der Reihe nach und neben einander hiessen, fürchteten insgesammt dieselbe Revolution, zu deren Leitung sie bestimmt waren; sie fürchteten durch die freie Entfesselung der Volkskraft und Volksbegeisterung, die man zur Zeit in Europa mit dem Schrecknamen Demagogie bezeichnete, die nationale Erhebung in den Augen der auswärtigen Höfe zu compromittiren, und dämpften darum das Feuer und die Opferlust der Nation, anstatt sie anzufachen. Die nationale Erhebung gegen die Fremdherrschaft wurde in den Händen ihrer Führer zu einem internationalen Krieg des idealen polnischen Zukunftstaates gegen das allzu real existirende Russland, oder wie man in den regierenden Kreisen zu sagen pflegte, „ein Krieg zwischen dem constitutionellen König von Polen und dem absoluten Kaiser von Russland*).“

Ein solcher Krieg gestattete in jedem seinem Stadium Unterhandlungen mit dem Feind, die bei einem Aufstande Verrath wären, und liess der diplomatischen Klugheit auf beiden kämpfenden Seiten noch einen weiten Spielraum; Russland aber überragte von jeher seine Gegner weniger an Heeresmacht als an Schlauheit.

Die natürliche Folge eines durch unzeitige kalte Berechnung so unnatürlich gehemmten Blutumlaufs in den Adern der Nation war nicht bloss der Ausbruch des Volksunwillens in der Lynchjustiz des 15. August und die daraus hervorgegangene unglückselige Diktatur des ehrgeizigen Krukowiecki, nicht bloss der allzu wohlfeil erkaufte Sieg der von einheitlichem Willen ausgesendeten und von Nationalhass getragenen russischen Waffen, nicht bloss das furchtbare Strafgericht des ergrimmten Herrschers, das sich über das unterworfene Land wie ein Gotteszorn ergoss, sondern das grösste Unglück, das eine Nation treffen kann: innere Zer-

---

*) Lelewel in seiner sog. Dethronisationsrede. S. Mochnacki, Powstanie naroda Polsk.

klüftung. Ein tiefwurzelndes, gegenseitiges Misstrauen bemächtigte sich der im Lande Zurückgebliebenen, genährt durch gehässige Anfeindungen unter den Ausgewanderten, welche die Schuld am Misslingen des Aufstandes so lange einander zu- und zurückschleuderten, bis endlich die enttäuschte Nation in eine unbeschreibliche Erschlaffung verfiel, sich selbst aufgab und in zersplitterte, nur um sich selbst bekümmerte Individuen sich auflöste.

Der Nikolaus'sche Despotismus bemächtigte sich dieser Apathie, an der er selbst keinen geringen Antheil hatte, und unterhielt sie durch ein Mittel ganz sonderbarer Art. Es sollte der Volksgeist im Malvasierwein des Vergnügens und der Lust seinen Tod finden. Statt des französischen: „le roi s'amuse", setzte der in seinem eigenen Leben ziemlich nüchterne Nikolaus das: „le peuple s'amuse" zum Wächter der Ruhe in Polen ein. Wer in dem Taumel der Freuden, für welche die Residenz und in dieser die russischen Dignitaire den Ton angaben, sich selbst suchte, wer ein nachdenkliches Gesicht zeigte, wer etwa gar sich zurückzog von dem geräuschvollen Treiben öffentlicher und häuslicher Lustbarkeiten, oder, um mit den Worten eines kaiserlichen Befehls zu sprechen, wessen „Lebensweise nach der Ansicht der lokalen Behörden das Misstrauen der Regierung zu wecken" geeignet schien: der war gefährlicher Umtriebe verdächtig, und wer verdächtig war, musste die Heimath freiwillig verlassen, wenn er nicht in Omsk, Orenburg oder in den finstern Räumen eines Staatsgefängnisses sein nachdenkliches Leben beschliessen wollte.

Kaiser Nikolaus, sagt man, hätte einmal offen geäussert: „Ich werde die Polen durch Demoralisation vernichten". Ob er diesen Plan ausgesprochen hat, ist gleichgültig; dass er nach demselben gehandelt hat, ist gewiss. Seine Gensdarmerie, von welcher die Geheimpolizei ein nicht unbedeutender

Zweig war, wachte sorgfältig über die Verdächtigen, d. i. über die Ernsten und Zurückgezogenen, und war in Erfindung und Unterschiebung der abenteuerlichsten Staatsverbrechen durchaus nicht wählerisch.

In der Darstellung allgemeiner Landesverhältnisse ist die Anführung eines bestimmten bezeichnenden Faktums stets eine grosse Erleichterung für den Leser wie für den Schreiber. Auch mir sei daher hier die Mittheilung einer solchen speciellen, aber verbürgten Thatsache gestattet, die in einem allgemeinen Rückblick vielleicht vor der formellen Kritik nicht bestehen könnte.

In der Nähe der Stadt Czenstochau lebte in den vierziger Jahren ein alter Mann auf seinem Gute in stiller Zurückgezogenheit und seit einiger Zeit auch noch in tiefer Bekümmerniss um seinen Sohn, der als Verdächtiger eines Nachts von Gensdarmen überfallen und nach einem dem Vater unbekannten Orte gebracht worden war. So oft ein Fest am kaiserlichen Hofe Veranlassung zu Gnadenakten gab (auch Nikolaus liebte gnädig zu sein), durchflog der Greis mit hastigem Auge die amtliche Zeitung, in der bangen Erwartung, in der Liste der Begnadigten vielleicht seinen Sohn zu erblicken. An Mühe und Kosten hatte er's nicht fehlen lassen, auf dass sein Sohn zur kaiserlichen Begnadigung vorgestellt würde; jedoch ein „Hoffest" verging nach dem andern, ohne die ersehnte Nachricht ihm zu bringen.

Eines Tages besucht ihn ein Freund, mit welchem der gebeugte Vater über seinen unglücklichen Sohn sprach. Während ihrer Unterhaltung brachte ein Bote wieder eines jener hoffnunggewährenden Zeitungsblätter, denn der kaiserliche Geburtstag war kurz vorher gefeiert worden. Der Greis liest, liest noch einmal, — der Freund hinter dem Lehnsessel blickt über seine Schultern hinweg neugierig in das Blatt — er sieht es dem Alten aus der zitternden Hand entfallen, —

er hebt es auf — er liest, er reibt sich die Augen — er liest noch einmal — er schüttelt das Haupt, murmelt etwas von Druckfehler, Irrthum. Doch es war kein Irrthum: unter den Begnadigten befand sich statt des Sohnes — der Vater.

Der Freund muss die Stelle laut vorlesen. Da hiess es: „N. N., Gutsbesitzer auf P., überführt des hochverrätherischen Unternehmens, den Grossherzog Maximilian von Oesterreich zum König von Polen zu proklamiren, zum Tode verurtheilt, gänzlich begnadigt".

Der Alte, der einen so ungeheuerlichen Plan niemals auch nur geträumt hatte, der wegen seines angeblichen Hochverraths niemals auch nur ein Verhör zu bestehen gehabt, sah seinen Sohn niemals wieder und verlebte den Rest seiner Tage in dem demüthigenden Gefühl, dass dieses Leben ein durch reichliche Unkosten erkauftes kaiserliches Gnadengeschenk sei.

Dieses einzelne Beispiel wirft zugleich ein Licht auf den grenzenlosen Leichtsinn, mit welchem die politischen Behörden unter Nikolaus verfahren durften, ohne eine Verantwortlichkeit befürchten zu müssen. Es wurde in der That im wahren Sinne des Wortes Menschenhandel getrieben.

An der Spitze der politischen Handelscompagnie unter dem Namen eines permanenten Kriegsgerichtes stand der kaiserliche Statthalter in Polen, der Fürst Paszkiewicz, der Held von Eriwan; ihm zur Seite der Minister des Innern, Storozenko, die Generale Galiczyn, Jolszyn etc.: Hauptagenten waren der in Amors Diensten ausgezeichnete Grass, später Landrath, Kapitain Leuchte u. A. m. Der Gewinn bestand in den nicht unbeträchtlichen Abfällen von dem vorgeblich zu Gunsten des Staates confiscirten Vermögen des Verurtheilten, oder auch in einem hohen Loskaufspreis des Angeschuldigten, welcher seinerseits nicht selten durch Preisgebung der Unschuld einer Schwester oder Tochter den Machthabern das ersetzen musste, was ihm an Lösegeld fehlte. War das angedichtete Verbrechen zu schwer und die Beweisaufnahme zu weit gediehen, um eine Freisprechung erfolgen zu lassen, und der für die Freiheit gebotene Preis zu verlockend, um zurückgewiesen zu werden, so liess man irgend eine aufgegriffene Person unter dem Namen des Freigehandelten nach den Bergwerken Sibiriens wandern*).

Mit einem Worte, die Polen liessen die erniedrigendsten Demüthigungen über sich ergehen, und es muss hinzugefügt werden, sie empfanden sie nicht, wenigstens nicht so tief, wie man es von diesem, sonst an nationalem Stolz nur den Spaniern zu vergleichenden Volke hätte erwarten sollen. Ein Ball, eine glänzende Abendgesellschaft, eine Balletvorstellung, ein Besuch hinter den Theaterkoulissen, rauschende Musik neben offen tolerirter, ja von der Polizei geförderter Zuchtlosigkeit in den Wein- und Bierlokalen verscheuchten alle Sorgen von der Stirn des Polen und liessen ihn die Opfer der Willkür in den sibirischen Steppen, die gekränkten Menschenrechte und alle nationale Schmach vergessen.

Es dürfte schwer zu entscheiden sein, was im Namen der beleidigten Menschenwürde tiefer zu beklagen ist, ob dieses Demoralisationssystem, oder Diejenigen, die sich von ihm regieren liessen, ob dieses nicht gar zu fein angelegte Netz sittlicher Verderbniss, oder Diejenigen, die nach vergeblichem Kraftaufwand ermattet, willenlos die Schlinge um ihre Füsse legen liessen.

Während die obigen Maassregeln zur Erstickung des nationalen und menschlichen Bewusstseins besonders auf die

---

*) Wem diese Schilderung übertrieben scheinen sollte, der denke an die Pariser Bastille und an den Stand der persönlichen Freiheit in Frankreich vor dem Jahre 1789, und vergesse nicht in Rechnung zu ziehen, dass das russische Volk noch keine Montesquieu's, Rousseau's und Voltaire's erzeugt hat.

höheren Klassen der Gesellschaft berechnet waren, musste consequenterweise auch daran gedacht werden, eine etwaige Regeneration des Volkes von unten herauf zu verhindern. Dazu mussten namentlich die arbeitenden Klassen in Stadt und Land in ihrer Rohheit erhalten, oder aber in dieselbe zurückgedrängt werden. Statt aller Einzelnheiten genüge hier die Anführung einer im Jahre 1834*) von der Kommission (Ministerium) für Cultusangelegenheiten erlassenen Verordnung, welche der Geistlichkeit gegen die Trunksucht zu predigen verbietet. Die Verordnung lautet ihrem Hauptinhalte nach wie folgt:

„Da ein derartiges Verfahren (Predigten gegen Trunksucht) den Absichten der Regierung zuwiderläuft, so hat Se. fürstl. Durchlaucht der Statthalter des Königreiches zu befehlen geruht, dass der Geistlichkeit jede Wirksamkeit in der Absicht, die Trunkenheit zu mässigen, auf's Strengste untersagt werde, indem hierzu die von der Regierung selbst vorgenommenen oder vorzunehmenden Maassregeln ausreichend sein werden."

Der letzte Passus ist, wie man sieht, dazu bestimmt, das beispiellose Attentat auf die Volkssittlichkeit einigermaassen zu beschönigen. Aber eine Regierung, die in einem katholischen Lande der Geistlichkeit ein solches Verbot aufdrängt, wird wohl schwerlich selbst den Willen haben, der Trunksucht Schranken zu setzen.

Jedoch Polen sah bis zu seiner sittlichen Erhebung im Jahre 1861 noch erniedrigendere Schauspiele aufführen. Adel und Geistlichkeit gingen nicht selten ein Bündniss mit einander ein, das zum Zwecke hatte, den Konsum des Alkoholgetränkes bei den Bauern zu steigern, und so der Regierung in die Hände zu arbeiten. Der Grundbesitzer fabri-

---

*) d. d. 11. (23.) Oktober, Nr. 7440/43502.

cirte den Spiritus, der Ortspfarrer kündigte eine Wallfahrt zu irgend einem über Nacht entdeckten wunderthätigen Bilde an; die Bauern strömten herbei und liessen für Messe und Fusel ihr Geld springen.

Wer das polnische Volk ob dieses seines tiefen Falles verdammen wollte, möchte doch nur das Eine bedenken, dass für dasselbe Volk die Hauptmotive des Aufstandes vom Jahre 1830 das Verdummungssystem und der Pietismus waren, welche die russische Regierung in Schule und Literatur einzuführen beginnen wollte, und dass nach Besiegung des Aufstandes, welchem zum Theil auch die Spuren jener Volkserziehung anklebten, dieselben entnervenden Regierungsmittel nur noch mit grösserer Energie zur Anwendung kamen. Kein Volk aber kann von sich behaupten, dass es unter gleichen unglückseligen Verhältnissen vor gleicher sittlicher Fäulniss sich bewahrt hätte.

Im Jahre 1830 hatte, um von Lithauen, Volhynien und Podolien nicht zu reden, wo durch des Fürsten Czartoryjski und des gelehrten Czacki Bemühungen eine neue Aera für Bildung und geistige Entwicklung geschaffen war, an deren Vernichtung gleich nach ihrer Entstehung Nowosilcow und Pelikan zu arbeiten begonnen, — im Jahre 1830 hatte das Königreich Polen auf vier Millionen Einwohner eine Universität, ein Lyceum, fünfzehn Gymnasien, eine Unzahl von Bürger- und Volksschulen, wissenschaftliche Vereine, grosse öffentliche Bibliotheken, u. s. w.

Nach dem Einzug der Russen in das niedergeworfene Land wurde die Universität zu Warschau aufgehoben, die höheren Lehranstalten geschlossen und nur zum Theil mit reducirtem Klassen- und Bildungsumfang wieder geöffnet, die Volksschulen vernachlässigt, die kostbaren Bibliotheken von russischen Soldaten nach Petersburg escortirt, die wis-

senschaftlichen Vereine aufgelöst, und es bedurfte vieler
kaiserlicher Gnadenakte, um die Zahl der Gymnasien im
Lande wieder auf sechs zu bringen, die jedoch nur eine
beschränkte Schülerzahl aus den bevorzugten Ständen aufnehmen durften.

Sittlichkeit und Nationalitätsgefühl sind zwei korrelative
Güter, die mit einander steigen und fallen; darum unterdrückt die Tyrannei das letztere, wenn sie die erstere unter-
gräbt, und schlägt der ersteren unheilbare Wunden, wenn sie
das letztere verfolgt. Sittlichkeit und Nationalitätsgefühl
bringen das von der Tyrannei so sehr gefürchtete Bewusstsein menschlicher Würde zur edelsten Entfaltung. Und hier
in unserem besondern Falle, wo der Despotismus sich noch
die Sonderaufgabe stellte, ein in Kultur, Bildung und Geschichte viel höher stehendes Volk an ein niedereres auf ewig
zu ketten, die Polen zu Russen zu machen, da musste natürlich die Fremdherrschaft und alle ihre Organe darauf ausgehen, Alles, was das unterjochte Volk an geistigen Gütern
noch aus allen Kämpfen gerettet hatte, herabzudrücken, um
dieses mit dem russischen Volke auf gleiches Niveau zu
bringen. Der umgekehrte Weg aber, die Hebung des russischen Volkes, lag nicht in der Absicht des Kaisers Nikolaus
und hätte übrigens nach dem Gesetze geistiger Anziehungskraft
zur Polonisirung der Russen führen müssen. Selbst in seiner
tiefsten Erniedrigung verlor das polnische Volk im Königreiche diese seine Anziehungskraft gegenüber den russischen
Siegern nicht. Die höchsten Beamten russischer oder deutscher Nationalität mussten's oft mit innerem Widerstreben
dulden, dass ihre Kinder nach mehrjährigem Aufenthalt in
Polen das Polnische als ihre Muttersprache betrachteten und
selbst den Russenhass der Polen mit annahmen, welche letzteren freilich durch diesen äussern Zuwachs an innerem sitt-
lichem Gehalt in der Regel nur desto mehr einbüssten. Für

den alle Kultur hassenden Kaiser Nikolaus aber war diese geistige Superiorität der Polen nur ein Grund mehr, ihre Demoralisirung mit Hast zu betreiben.

Man denke sich demnach den Zustand der Schulen in Polen und den Geist, den die Lehrer daselbst zu verbreiten berufen waren. Geistige Befähigung und sittliche Unbescholtenheit waren unter den Erfordernissen des Lehrstandes die untergeordnetsten*), in erster Reihe standen servile Gesinnung und ein gewisser, nur bei russischen Kreaturen in ausgeprägter Form zu findender Sinn, den ich das Fühlhorn für die Gefahren selbstständiger Denkthätigkeit nennen möchte, sei es, dass sie im jugendlichen Gemüthe des Zöglings oder in der schlecht verhehlten Gesinnung des Kollegen oder Vorgesetzten sich regte. Schreiber dieses war oft Zeuge, wie Eltern, welchen die Kosten häuslichen Unterrichtes für die Dauer unerschwinglich waren, mit banger Besorgniss auf ihre heranwachsenden Kleinen blickten und mit beklommener Angst davon sprachen, dass sie ihre Sprösslinge den sittlichen Gefahren der öffentlichen Schulen würden preisgeben müssen.

In die russische Uniform gesteckt mussten die Gymnasiasten von der untersten Klasse an als russische Söldner sich ansehen und frühzeitig den blanken Knopf höher schätzen lernen, als Verstandes- und Herzensbildung. Um den Lesern einen ungefähren Massstab an die Hand zu geben zur Beurtheilung des Wissensgrades, welcher bis zum Jahre 1862

---

*) Sprüchwörtlich bekannt ist der Wortlaut eines Dekrets, das Fürst Paskiewicz über einen russischen Offizier verhängte: „Für Trunksucht, Kartenspiel und Diebstahl auszustossen aus der Armee und zum Direktor oder Inspektor eines Gymnasiums zu machen." Die Stadt Lublin war in Folge dessen so glücklich, diesen Ehrenmann an der Spitze des Lehrpersonals zu sehen.

in den Gymnasien angestrebt wurde, und der Lehrmethode, oder sag' ich lieber Lehrschablone, welche dort vorgeschrieben war, sei hier der Umstand erwähnt, dass ein unter Ludwig XV. von einem Franzosen, Clairaut, zum Gebrauch für das weibliche Geschlecht verfasstes Lehrbuch der Geometrie in den Gymnasien des Königreiches buchstäblich auswendig gelernt werden musste. Wollten wir über den Unterricht in den klassischen Sprachen, in Geschichte und Literatur uns verbreiten, so müsste dieser unser Rückblick ein unangemessenes Volumen annehmen. Doch darf hier nicht unberührt bleiben, dass das Griechische ganz aus den Schulen verbannt war, lateinische Klassiker niemals im Zusammenhang gelesen wurden, und statt Universalgeschichte eine dürftige Chronologie in russischer Sprache nach russisch-despotischen Tendenzen vorgetragen wurde. Zur polizeilich politischen Verfolgung eines Schülers aber genügte die Denunciation, dass er polnische Geschichte im Hause lese, und wie unter den Lehrern, so fehlte es auch unter den Schülern an Denuncianten nicht.

Wie den Bewohnern eines Gefängnisses der Verkehr unter einander unter Beobachtung der geltenden Hausordnung wohl gestattet, aber der Umgang mit der Aussenwelt abgeschnitten ist, und selbst die Lichtstrahlen nur gedämpft durch die vergitterten hohen Fenster eingelassen werden, so waren unter Nikolaus die Polen und die Russen, denn hierin war das besiegte Volk mit dem herrschenden gleichgestellt, von allem Verkehr mit der geistigen Welt ausgeschlossen, die jenseits der streng gesperrten russischen Grenze sich ihnen aufthun könnte, und jeder Lichtstrahl, der von dort her in's Reich eindringen mochte, war vorsorglich gedämpft, dass er die blöden Augen nicht blende. Reisen nach dem Auslande waren durch kostspielige Formalitäten allerlei Art und durch hohe Passsteuern*) nur den Reichen möglich, und auch diese fühlten sich im Auslande nicht unbewacht. Eine Schule aber im Auslande zu besuchen war auf's Strengste verboten, und nur die höchste Behörde konnte ausnahmsweise von diesem Verbot Dispens geben. Daheim indess wachte die Censur, die jedes von der Fremde eingeführte Buch wie jedes im Inlande zum Druck vorbereitete Manuskript mit argwöhnischem Auge durchforschte, um die europäische Aufklärung daraus zu streichen und jede Erinnerung an polnische Vergangenheit wie jede Anspielung auf staatliche Freiheit zu bannen**).

---

*) Ein Reisepass in's Ausland kostete 100 Rubel und verschiedene Demüthigungen vor niedern und hohen Beamten.

**) Eine noch vorhandene polnische Grammatik aus der Nikolaus'schen Zeit bietet für die schablonenartig betriebene Verwischung polnischer Geschichtsüberreste durch die Censur ein recht drastisches Beispiel. Bekanntlich verwandelte Kaiser Nikolaus nach der Revolution die acht Wojewodschaften des Congressreiches in fünf Gubernien, und die amtliche Sprache erkannte von da ab das polnische Wort „wojewódstwo" nicht mehr als existirend an. Dem Verfasser der erwähnten Grammatik aber kam's in den verwegenen Sinn, als Beispiel für Hauptwörter, die auf o endigen, jenes aus dem Sprachschatz wegdekretirte Wort anzuführen. Der Censor strich gedankenlos „wojewódstwo" und setzte dafür das neu eingeführte „gubernia," und so entstand die sprüchwörtlich gewordene grammatische Regel: Alle Hauptwörter, welche auf o endigen, sind sächlichen Geschlechtes, z. B. *gubernia*. Noch viel bezeichnender jedoch für den Bildungsgrad der Censurbehörden und deren Anschauungsweise sind folgende Korrekturen:

Einem Schriftsteller war's eingekommen, statt der bisher gebräuchlichen, der Septuaginta entlehnten Aussprache biblischer Namen, die hebräische einzuführen; er schrieb daher statt: Nabukodonosor etc. Nebukadnezar, Salmanazar etc. Der Censor aber stach der „Zar," mit dem diese Namen endigten, zu peinigend in's Auge, sie mochte diese Gleichstellung alter Despoten mit dem Selbstherrscher aller Reussen allzu bedenklich finden.

Dagegen mochte sie dem polnischen König (keól) wohl die Ehre

Nach den noch jetzt in Polen geltenden gesetzlichen Vorschriften wandert nicht blos der Besitzer einer verbotenen Schrift nach Sibirien, sondern auch Derjenige, der dieselbe bei dem Besitzer gesehen und nicht angezeigt hat. Mit dem Besitz eines verbotenen Buches also beginnt der Hochverrath und die Schuld der Mitwissenschaft: welch ein weites Feld für Spionage und Denunciationen, für Befriedigung persönlichen Hasses, für Ordenssucht und Medaillengier, für Stellenjägerei und Gratifikationserschleichung! Wie viele Mittel, das Misstrauen in die Häuser und Familien einzuführen, jedes nationale, wie jedes gesellige Band zu lockern und die Achtung vor dem Gesetze von Grund aus zu vernichten!

Nehmen wir noch hinzu, dass in Folge des Mangels an Bildungsmitteln und im Geleite der von Russland übertragenen Seuche der Korruption die Unfähigkeit und die Rohheit um so zahlreicher in die administrativen und richterlichen Aemter einrückten, je mehr die alten Elemente der polnischen Beamtenwelt durch Entsetzung oder Tod ausschieden, bringen wir ferner in Anschlag, dass „unter den Waffen die Gesetze schweigen" und die in Polen herrschende Militär- und Fremdenregierung sich gar nicht berufen glaubte, den Wohlstand und die Industrie des Landes zu heben, so werden wir leicht begreifen, wie Gesetzgebung und Civilverwaltung im Lande

---

gönnen, jenen babylonischen und assyrischen Königen als Anhängsel zu dienen, und so entstanden die ganz neuen historischen Namen: Nebukadnekeól, Salmana-keól.

Ein anderer Schriftsteller hatte in einem grammatischen Uebungsbüchlein den Satz angeführt: „Der Mensch ist der Sklave seiner Leidenschaften." Das Wort „Sklave" ist ein Glied in der grossen langen Gedankenreihe über das Verhältniss des Unterthanen zum Staatsoberhaupt, des Leibeigenen zu seinem Herrn, über Freiheit und Unabhängigkeit u. s. w. Die Censur darf den Sklaven im Manuskript nicht dulden und setzt dafür — ihr könnt es gedruckt lesen —: „Der Mensch ist der Mohr (murzyn) seiner Leidenschaften"!

seit 1830 in Stillstand und Verfall geriethen, und welche Nachtheile dieser Stillstand für das Land haben musste zu einer Zeit, als ausserhalb der Grenzen des russischen Reiches die neuen Verkehrs- und Erwerbsverhältnisse alle Staaten im Innern umgestalteten und alle gesetzgebenden Organe zu gewaltiger Kraftanstrengung beriefen, um die Vortheile der fortgeschrittenen Industrie ihren Ländern zuzuwenden und vor den Gefahren einer unüberwindlichen Konkurrenz sie zu schützen.

Nur aus dieser allgemeinen Stagnation alles menschlichen Verkehrs in Polen, aus dieser Ertödtung aller nationalen Kräfte, der geistigen wie der materiellen, lässt sich die sonst räthselhafte Thatsache erklären, dass die ihr Joch stets so unwillig tragenden und stets es abzuschütteln bereiten Polen die Krisis des Krimkrieges unbenutzt vorübergehen liessen, dass sie die Aushebung der männlichen Jugend fast bis auf den letzten Mann ruhig duldeten, während das ganze polnische Land von Truppen entblösst und nur von wenigen Invaliden besetzt war. Nicht die Furcht vor preussischer Intervention, nicht die beschwichtigenden Einwirkungen französischer Diplomatie, nicht der hohe Respekt vor dem russischen Koloss haben den Aufstand in Polen zur Zeit des Krimkrieges verhindert, sondern einzig und allein die Erschlaffung aller Nerven des Volkes, die es zu einer That nicht hatte kommen lassen.

Einige galvanische Zuckungen dieses Körpers in früheren Jahren, wie die Konarskische Verschwörung im „eroberten Lande", die Mieroslawskische von 1846 und die in Polen nur matt sich abspiegelnde Völkerbewegung des Jahres 1848 hatten Nichts weiter als die Lehre zur Klarheit gebracht, dass eine Wiederbelebung des polnischen Organismus nur das Werk langsamer und systematisch betriebener Vorbereitungen und die Folge vieler günstiger Vorbedingungen sein könnte.

Dieses Gefühl der eigenen Schwäche und Zerfahrenheit wurde in den Polen noch dadurch gesteigert, dass sie in ihrer eigenen Mitte ein seit acht Jahrhunderten im Lande ansässiges und dennoch dem letztern äusserlich fremd gebliebenes Element sahen, das im Falle einer Erhebung dem nationalen Feinde jeden möglichen Vorschub zu leisten versprach. Dieses Element ist die jüdische Bevölkerung, welche darum hier in unserm Rückblick eine nachträgliche Erwähnung erforderlich macht, weil sie in der im Folgenden zu beschreibenden Bewegung dieses Landes sowohl passiv wie aktiv einer der Hauptfaktoren geworden ist, während bis dahin niemals, selbst nicht in der Revolution von 1830 der Versuch gemacht worden war, die Juden dem Lande zu gewinnen oder für die politischen Kämpfe im Innern zu interessiren.

Der glühende Hass, welcher bis zum Beginn der Bewegung im Jahre 1861 die Juden von ihren polnischen Landsleuten trennte, und der zuletzt eine Haltung angenommen hatte, welche jede andere Regierung, nur nicht die Muchanow'sche, um die innere Ruhe und Wohlfahrt des Landes besorgt zu machen geeignet gewesen wäre, — dieser Hass war seinem tiefern Grunde nach kein konfessioneller, sondern ein nationaler, den freilich der jede Volksrichtung in sein Bereich zu lenken suchende Jesuitismus und Ultramontanismus gründlich für sich ausbeutete. Niemals war Polen bigotter, als in den der jetzigen Bewegung vorangegangenen Tagen, da es für den Verlust seiner nationalen und bürgerlichen Freiheit durch Verfolgung Andersgläubiger und Anderssprechender sich entschädigen zu können glaubte.

Die Deutschen in Polen, oder, was in den Volksbegriffen identisch erscheint, die Evangelischen, waren nicht minder dem Hasse der polnisch-katholischen Bevölkerung ausgesetzt. Doch hatte die Nikolaus'sche Tradition die Regierung dieses

Element als Gegengewicht gegen das polnische schützen und privilegiren gelehrt, und darum konnte den Deutschen ihre sociale Stellung wohl verleidet, doch ihre rechtliche nicht verkümmert werden. In Beiden, den Deutschen und den Juden, glaubten die Polen Feinde ihrer nationalen Bestrebungen und Wünsche zu sehen, und nicht ohne gewichtigen, oder doch scheinbar gewichtigen Grund.

Die Deutschen, welche zum Theil erst vom Kaiser Nikolaus als Kolonisten und Fabrikanten ins Land gerufen worden waren, galten bis in die letzte Zeit als unbedingte Anhänger und Träger des russischen Systems, das auf Denationalisirung der Polen abzielte. Da die grosse Mehrzahl der Deutschen lediglich den materiellen Interessen nachging und keinen geselligen Halt bot, schlossen sich gerade die Gebildeteren, insbesondere die Grundbesitzer, nicht selten den Polen an und gingen bald ganz in sie auf. Manche zeigten sogar einen proselytischen Eifer in Verleugnung ihrer deutschen Abstammung und verfochten in den Sitzungen des landwirthschaftlichen Vereins mit besonderm Nachdruck die Nothwendigkeit, der germanischen Race das Land zu verschliessen.

Die Juden waren im Jahre 1831 der Revolution abgeneigt und unterstützten die russische Armee durch Lieferungen und Spionage. Dieses Verhalten der Juden findet jedoch in dem Eingangs angedeuteten Charakter jenes Aufstandes seine genügende Erklärung.

Der nach dem Ausbruch der Revolution einberufene Landtag hat mit den bei Beginn des Aufstandes dem Bauern- und dem Bürgerstande angedeuteten Versprechungen nicht Ernst machen mögen, vielmehr die beantragte Aufhebung der sogenannten Robot und Gleichstellung aller Stände der Zukunft zu überlassen beschlossen; erst, meinte er, müssten Alle uneigennützig das Vaterland befreien helfen. Den

Juden wurde sogar die Aufnahme in die Nationalarmee auf dem Landtage versagt, damit sie nach Befreiung des Vaterlandes keine Ansprüche auf Bürgerrechte machen könnten. In den städtischen Nationalgarden bildeten sie mit Ausnahme der zur Zeit geringzähligen europäisch gekleideten Juden ebenfalls besondere Corps, die meist ihren eigenen Schutz vor Volksaufläufen zum Zwecke hatten.

In Folge dieser Halbheiten nun entstand während des Kampfes schon eine gefährliche Verstimmung im Innern des insurgirten Landes, und die durch Kampf und Verzweiflung erhitzten Volksleidenschaften suchten und fanden bald im eignen Innern Gegenstände des Argwohns und des Hasses, an welchen sie mit geringerer Mühe sich kühlen könnten. Und wer konnte bequemer dazu dienen, als die dem Kampf von fern zuschauenden, durch nichts in denselben hineingezogenen Juden?

Ursache und Wirkung greifen in einander. Die Juden waren russische Spione, weil sie von den Polen verfolgt wurden, und waren verfolgt, weil sie russische Spione waren.

Aber Kaiser Nikolaus war ein zu grosser Gegner aller nichtgriechisch-katholischen Konfessionen überhaupt und speciell der jüdischen, als dass er daran hätte denken können, die Bekenner der letzteren für ihre Ergebenheit zu belohnen. Im Gegentheil, nach Niederwerfung des Aufstandes begann für diesen unglücklichen Volksstamm eine Zeit grausiger Verfolgungen, die nur den pharaonischen gleichgestellt werden können. Alte, längst verschollene, schmachvolle Judengesetze wurden wieder in Kraft gesetzt, neue schmachvollere erfunden. Unter dem Vorwande, die Juden civilisiren zu müssen, wurden empörende Zwangsmassregeln gegen sie in Anwendung gebracht, zu deren Ausführung und Verschärfung die vom nationalen Hass gegen die russisch gesinnten Juden entbrannten polnischen Beamten willig sich hergaben. Auf der andern Seite war den Juden kein Weg zur Bildung offen, denn die höheren Schulen sollten nach des Kaisers Willen nur Adlige und Beamtensöhne besuchen, Volksschulen aber wurden im Allgemeinen als staatsgefährliche Unternehmungen betrachtet, denen man zum Mindesten keinen Vorschub leisten durfte. Dagegen wurden neue Ghetto's geschaffen oder die bestehenden Judenreviere gegen andere umgetauscht, und fast jedes Jahr sah man neue Judenwanderungen von Strasse zu Strasse oder auch von Stadt zu Stadt. Ausnahmesteuern, die in die Millionen gingen, musste die jüdische Bevölkerung fast jährlich in grösserer Höhe auftreiben, während die Befreiung vom Kriegsdienste, die sie ursprünglich durch diese Steuern sich erkauft hatte, ihr genommen wurde. Ja, es beliebte der russischen Regierung, nicht bloss von der jüdischen Bevölkerung zwei vom Tausend mehr auszuheben, als von der christlichen, sondern auch das Rekrutirungsalter bei den Juden vom 11. Lebensjahre an beginnen zu lassen. Man erlasse mir die Beschreibung der alljährlich wiederkehrenden Scenen, da arme zerlumpte Knaben plötzlich aus den Betten gerissen und die verzweifelnden Mütter mit Kolben von den weinenden Kindern weggestossen wurden, die sie nie mehr in ihrem Leben wiedersahen. In Kibitken verpackt wurden diese Knaben hunderte von Meilen fortgeführt; viele erlagen unterwegs den Strapazen der Reise und der Kälte, der Rest sollte in Soldatenkolonien „erzogen" werden und fand meist unter der Fuchtel einen frühen Tod.

Dieses Leidensbild hier zu entwerfen hielt ich darum nicht für überflüssig, weil sich daraus allein das überaus lebhafte Interesse erklären lässt, welches die noch lange nicht polonisirten Juden an der nationalen Erhebung der Polen, trotz aller von diesen erfahrenen Unbill, seit dem Jahre 1861 genommen haben und noch nehmen; ein Interesse, ohne welches jetzt nicht bloss der geistig unbewegliche polnische Bauernstand und die an den Landesinteressen wenig theilnehmenden deutschen Kolonisten und Arbeiter, sondern auch noch der grösste Theil der städtischen Industriellen ein Hemmschuh in allen Bewegungen der polnischen Nation gewesen wäre.

Wir fassen die hier entworfene Schilderung in wenige Worte zusammen, indem wir sagen: Schule, Censur, Grenzsperre, permanente Kriegsgerichte, frivole Genusssucht, Korruption und Glaubenshass verbanden sich unter Kaiser Nikolaus mit einander, um den menschlichen Geist zu verstümmeln und die nationale Kraft zu bannen.

Der Krimkrieg befreite endlich die unter ihrem Joch schwer seufzenden Völker des russischen Reichs. Der „grosse" Kaiser konnte die Erstürmung Sebastopols nicht überleben.

Man muss zur Zeit in Petersburg gewesen sein, um eine Vorstellung von der furchtgemischten Freude zu haben, mit welcher die Kunde alle Schichten der Bevölkerung erfüllte. Auf den Strassen stille Trauer aus Furcht vor den schleichenden Polizeiohren, in den Weinlokalen lauter Jubel die Nacht hindurch bis zum Morgen.

Nach Warschau kam die amtliche Depesche am Abend des Todestages und die bereits gefüllten Theater wurden plötzlich ohne Angabe des Grundes geschlossen. Wie ein Lauffeuer verbreitete sich das Gerücht, der Kaiser sei gestorben; doch keine inländische Zeitung durfte es melden und Niemand durfte wagen, öffentlich von diesem Ereigniss zu sprechen, ehe es von Amtswegen angezeigt war, was erst mehrere Tage später geschah. Auch Kaiser sterben in Russland nur mit Erlaubniss der Behörden!

Zweiter Abschnitt.

Die Regierung Alexanders II. von 1856 bis 1860. — Kaiser Alexander II. — Regierungssystem in Polen. — Muchanow. — Hoffnungen. — Der Kaiser in Warschau. — Point de rêveries. — „Gazeta Polska". — Kommissions- und Handlungshäuser. — Adel und Bauern. — Ungelöste Fragen. — Aristokratie und Demokratie.

Alexander II. ist einer der Fürsten, wie sie, nach dem Ausspruch Varnhagen von Ense's, „die Geschichte braucht, um Revolutionen zu machen", d. h. mild und wohlwollend genug, um das Verlangen nach besseren Zuständen zu reizen, aber nicht energisch genug, um es in seinem Entstehen zu befriedigen, nicht hellsehend genug, um das Uebel an seinem Sitze zu erblicken, nicht scharfsichtig genug, um die Werkzeuge seines Willens richtig zu wählen, nicht Herrscher genug, um der Beamtenwillkür durch die Furcht vor Verantwortlichkeit einen Damm zu setzen. Die Geschichte wird diesem Fürsten einen grossen Theil der Schuld dessen, was in seinem Namen begangen wurde, von den Schultern nehmen und seinen in Nikolaus Schule erzogenen Rathgebern zur Last legen, deren er sich unter den jetzigen blutigen Vorgängen gar nicht mehr zu erwehren vermag. Aber die Geschichte wird auch das bisher allgemein verbreitete Urtheil wenigstens in Bezug auf Polen zurücknehmen, als ob mit dem Regierungsantritt Alexanders II. eine Aenderung des Regierungssystems für die unter Nikolaus so hart bedrängte polnische Nation eingetreten wäre.

Die einzige wesentliche Erleichterung, welche Polen seit dem Krimkriege verspürte, war die Einstellung der Rekrutirung, wodurch die Bevölkerung des Landes, die seit dem Jahre 1831 fast jährlich abgenommen hatte, wieder sich zu vermehren anfing, und somit dem Volke das jugendliche Element erhalten wurde, welches wohl überall, ganz besonders aber in geistig vernachlässigten und korrumpirten Ländern, den ersten Antrieb zur Wiedererweckung des national-sittlichen Willens und Sinnes geben muss. Sonst aber ging Alles in Polen seinen früheren Weg.

Nach Paskiewicz's Tode zwar hatte es einige Zeit den Anschein, als sollte ein furchtbares Strafgericht ergehen über die Blutsauger des polnischen Volkes, welche im Einverständniss mit Paskiewicz Hochverrathsprocesse fabrizirt, Güter konfiszirt, ihre Taschen gefüllt, ihre Lüste befriedigt und dafür Orden und Würden geerntet hatten. Kapitän Leuchte, der gefürchtete Denunciant, sass in der Festung Modlin in Haft und musste einem Civilrichter Rede und Antwort stehen für begangenen Mord; auch Landrath Grass zitterte und mit ihm viele kleinere Kreaturen. Aber schnell erwies es sich, dass hier nicht der Gerechtigkeit, sondern dem Cliquenhass Opfer gebracht werden sollten. Eine Aussöhnung der unter Paskiewicz herrschenden und unter seinem Nachfolger Gortschakow verfolgten Clique mit der unter Paskiewicz verfolgten und unter Gortschakow zur Herrschaft gelangten brachte die ehemaligen Werkzeuge der Korruption wieder in Amt und Würden; nur die Todten waren die Schuldigen.

Der Anführer der neuen Clique und, wenn man so will, Vertreter des neuen mit Alexander begonnenen Regierungssystems war nicht der Statthalter, Fürst Gortschakow, denn ausser der in Russland allerdings seltenen Tugend der Unbestechlichkeit besass dieser alte gebrechliche Mann Nichts, was ihm Liebe und Achtung beim Volke, oder Respekt und Furcht bei den Beamten erwerben konnte. Vielmehr herrschte in Polen unumschränkt der ehemalige Kosackengeneral Muchanow, welcher Curator des Warschauer Lehrbezirks und zugleich Hauptdirektor (Minister) der Commission des Innern und der Kultusangelegenheiten war.

Um das Abhängigkeitsverhältniss zwischen dem in der Verwaltung völlig unerfahrenen Statthalter und seinem gewandten, aber asiatisch rohen Minister zu kennzeichnen, sei hier eine Anekdote angeführt, die vielleicht der thatsächlichen, aber durchaus nicht der poetischen Wahrheit entbehrt. Vor dem halbtauben Fürsten Gortschakow erscheint ein junger Mann, den Rang und Stellung berechtigen, als Bewerber um die fürstliche Tochter aufzutreten. Höchst wahrscheinlich hielt er sich der Letzteren Gunst versichert, doch mit dem Blicke eines Bittenden tritt er vor den Fürsten und trägt sein Ehegesuch mit schüchterner Stimme vor. Gortschakow aber lässt sich aus Furcht, er werde in Regierungs-Angelegenheiten irgend eine Auskunft geben müssen, auf den Gegenstand des Gesuches nicht näher ein, sondern ruft, wie er es gewöhnlich that, auch dem jungen Bewerber die wenig ermuthigenden Worte zu: „Wenden Sie sich nur an Muchanow, der wird Ihnen Alles besorgen!"

In der That war Muchanow nicht blos Chef der beiden wichtigsten Verwaltungszweige im Lande (des zur Zeit noch dem Ministerium der öffentlichen Aufklärung untergeordneten Unterrichts-Curatoriums und der Commission des Innern und der Kulte), bezog nicht blos, dem bestehenden Pensionsgesetze zuwider, zweifaches Gehalt für seine beiden Aemter, sondern er beherrschte auch in den Sitzungen des Administrationsrathes und ausserhalb derselben die ganze

Regierung, legte im Namen des Statthalters ihm beliebige Gesetze und Verordnungen vor, die ohne Discussion angenommen werden mussten, decidirte nicht selten mit Umgehung des Administrationsraths in Dingen, die vor des Letzteren Forum gehörten, griff oft in die Attributionen der übrigen Commissionen ein, namentlich in die Rechtspflege, verordnete Niederschlagung eines ihm unliebsamen Processes oder verkündete mit prophetischer Begabung im Voraus den Ausgang einer Gerichtsverhandlung zu Gunsten dessen, den er zu protegiren für gut fand, und wehe dem Einzelnen oder der Gesammtheit, die sich seiner Gunst nicht rühmen konnte!

Die ehemalige Selbständigkeit der polnischen Justizbeamten aber hatte Kaiser Nikolaus längst unterdrückt, da er sie der Gewalt und der Furcht dienen lehrte. Gegenüber etwaigen Berufungen auf das Gesetz oder den Willen des Kaisers war der Wahl- und Wahrspruch Muchanow's: „Hier bin ich Kaiser."

Und dennoch, trotz der Indolenz des Statthalters und der Allmacht Muchanows fehlte der Regierung in Polen seit dem Tode Nikolaus I. Eines, was allein auf die Dauer Völker niederzuhalten vermag: der Schrecken. Das Muchanowsche Regime war eine Gewaltherrschaft, aber keine Schreckensregierung; das Joch drückte, aber es beugte nicht mehr den Rücken Derer, auf denen es ruhte; man trug die Ketten noch, aber man wagte schon die gefesselten Beine klirrend zusammenzuschlagen und durch das unheimliche Geräusch die Gewalthaber in peinliches Unbehagen zu versetzen. Auf dem Throne in Petersburg, das wusste man, sass nicht mehr der dämonische Zorn, der Menschen verachtende Despotismus. Der Regierungsantritt des Kaisers Alexander, dem der Ruf der Milde voranging, hatte vielmehr in allen Völkern des Reiches Hoffnungen erweckt, deren man sich unter Nikolaus' Schreckensherrschaft in der eigenen Brust erwehrte, und auch die Polen begannen ihre nationalen „Träume" da wieder fortzuspinnen, wo sie durch die Geisselruthen des letzten Herrschers grausam unterbrochen worden waren.

Der freudig festliche Empfang, welcher dem Kaiser, als er nach seiner Krönung in Moskau im Mai 1856 das Congressreich besuchen sollte, bereitet wurde, sollte ganz den freudigen Erwartungen entsprechen, welche die Polen von ihm für ihre nationalen Interessen hegten. Vielleicht sollte auch dieser Empfang nur ein politisches Mittel der Zuvorkommenheit sein, um dem prunkliebenden Fürsten in festlicher Stimmung einige Gnadenakte für das schwer heimgesuchte Land zu entlocken.

Es verschlug darum wenig, dass die Bureaukratie die Ueberreichung einer Adresse an den Kaiser bei dessen Eintritt in das Königreich verhinderte.

Der ehemalige Landbote Jezierski, eine am Petersburger Hofe noch vom Jahre 1830 her beliebte Persönlichkeit, war vom Adel dazu ausersehen gewesen, dem neuen Fürsten die Wünsche des Landes zu überreichen, welche, nach ihrem Uebermittler zu urtheilen, nur höchst mässig sein konnten.

Die Regierung in Polen vereitelte dieses Vorhaben, wie es von Nikolaus' Organen nicht anders zu erwarten stand. Darum liessen der Adel und die Stadt Warschau es sich doch nicht nehmen, den Kaiser zu begrüssen und durch einen glänzenden Ball in Frohsinn zu versetzen.

Aber vor wie nach dem zahlreich besuchten Balle, welcher unter den gegebenen Verhältnissen das einzige Mittel war, um durch Erscheinen oder Wegbleiben Vertrauen oder Misstrauen zu dem neuen Herrscher zu bekunden, — vor wie nach dem Balle, welchen der Kaiser in seiner Rede „einen sehr schönen Ball" nannte, der seinem Gedächtnisse niemals entschwinden werde (le bal d'hier était un très-beau bal; jamais il ne sortira de ma mémoire) — zweimal in wenigen Tagen, den 23. und den 27. Mai, rief der Kaiser dem Lande die enttäuschenden und entmuthigenden Worte zu: „Alles, was mein Vater gethan hat, ist recht gethan. Meine Regierung wird die Fortsetzung der seinigen sein. Polens Heil besteht allein in seiner gänzlichen Verschmelzung (fusion entière) mit dem Kaiserreiche, und darum — point de rêveries, point de rêveries!" Dies ist der Kern der beiden überschwenglich langen, fast gleichlautenden Anreden des jungen Kaisers in Warschau, der hiermit gelobte, das Bedrückungssystem seines Vaters, in Polen wenigstens, aufrecht zu erhalten.

Die gleichzeitig verkündete Amnestie für die polnischen Emigranten verrieth in Form und Inhalt ebenso viel engherziges Misstrauen, wie die beiden kaiserlichen Reden, und hatte öffentliche Proteste der aristokratischen wie der demokratischen Emigration zur Folge.

Point de rêveries — rief's vom kaiserlichen Schlosse zu Warschau; point de rêveries — klang es dumpf in dem ganzen enttäuschten Polenlande fort, und die Handhaber der Regierung in Polen bestätigten bald das traurige Wort durch traurige Thaten oder Thatlosigkeit.

Point de rêveries — hiess es nach wie vor in den öffentlichen Schulen, und die Geschichte Polens musste weiter aus russischem Munde, in russischer Sprache und in russischem Geiste gehört werden, wie unter Nikolaus. Gehasste Creaturen blieben und wurden ferner die Lehrer und Directoren höherer Lehranstalten, um alle Bemühungen besserer Collegen zu lähmen. Wem es unter den Lehrern Ernst war um Bildung und sittliche Erziehung der Jugend, der musste auf Avancement und Gehaltszulage verzichten. Wer recht dreist die vorgesetzte Behörde täuschte, wie sie es wollte, konnte auf Orden und Beförderung rechnen und dabei manch' schönes Nebeneinkommen von tributpflichtigen Schülern erzielen.

In Bezug auf Volksbildung aber rühmte sich der Curator der öffentlichen Aufklärung noch kurz vor dem Beginn der Bewegung des Jahres 1861, im Laufe eines einzigen Jahres 150 Dorfschulen in dem einen Gubernium Warschau allein — aufgehoben zu haben! Das Mittel, das er dazu erwählte, ist einfach, aber probat. Er stellte es in das Belieben der Schulpatrone auf dem Lande, ob sie fortan ihre bisherigen Pflichtbeiträge zur Erhaltung der Schulen fortsetzen wollten. Der Indifferentismus der Grundbesitzer gegen die geistigen Interessen der Bauern war richtig in Anschlag gebracht und trug die erwünschten Früchte.

Point de rêveries — rief man nach wie vor der Presse zu, wenn sie nationale Bildung anstrebte, wenn sie Polens Vergangenheit in Schrift oder Bild, auf der Bühne oder im Lied wiederbeleben, wenn sie von Bürgersinn und Vaterlandsliebe singen oder sprechen wollte, und das Wort „Ojczyzna" (Vaterland) war verbannt, wie alle seine ehemaligen Vertheidiger. Die Censur blieb nach wie vor der Fluch aller edlen Geister, die zur Höhe sich schwingen mochten. Dagegen frei und unbewacht wanderte das kleine Geschmeiss umher, das die Gifteier des Hasses und des Zwiespalts zwischen den Bewohnern desselben Landes in geistlichen und weltlichen Schriften, auf der Kanzel und in den Boudoirs unbehindert ausstreuen durfte, zur Freude des grossen Mephisto, der die öffentliche Aufklärung in Polen besorgte und die innere Verwaltung leitete.

Nachteulen besangen die Finsterniss und verhöhnten das Licht; die Cultur des Westens hiess grober Materialismus, die Wildheit des Ostens frische Natur. Es entstand in der Literatur und Tagespresse eine Aesthetik des Hässlichen, eine Romantik des slavischen Schmutzes, in welche selbst bessere, aber schwache Geister mit hineingerissen wurden. Jeder Verein zur Hebung des materiellen oder geistigen Wohles der niederen Bevölkerung, der irgendwo im Auslande von sich reden machte, wurde als Teufelswerk verschrieen oder als Narrheit verhöhnt, — und russische Bureaukratie wie jesuitische Verschmitztheit klatschten Beifall solchem regierungs- und gottgefälligen Gebahren.

Das war die Literatur, an deren Hand Polen herangebildet werden sollte für die grossen Reformen, mit denen die Petersburger Kanzlei, wie Russlands Organe behaupten, das polnische Land hätte beglücken wollen, auch wenn die Bewegung des Jahres 1861 nicht stürmisch an den Thron geklopft hätte.

Point de rêveries — sagte man den Polen in Lithauen, Volhynien und Podolien, welche an das ihnen verbriefte Recht ihrer Sprache und ihrer Religion zu mahnen wagten.

Point de rêveries — hiess es endlich auch den Juden gegenüber, die um Erleichterung ihrer Ausnahmelasten, um Befreiung von der Schmach der Ausnahmegesetze, um das Recht, gleich den übrigen Landesbewohnern Brod zu essen und Luft zu athmen, um die Gunst, aus eigenen Mitteln eine Volksschule zu errichten, oder um die Erlaubniss, sich der Angriffe und Schmähungen der Presse erwehren zu dürfen, unterthänigst bettelten, auch wenn sie den Weg bis zum Pascha Muchanow und selbst bis nach Petersburg mit Gold besäeten.

Doch „der Geist, der stets verneint, der stets das Gute thut und stets das Böse meint," — hat sich auch hier bewährt.

Die Verbreitung des Hasses gegen Deutsche und Juden, und besonders gegen Letztere, die Hetzereien, welche Muchanow so sehr am Herzen lagen als ein vorzügliches Mittel zur anderweitigen harmlosen Beschäftigung des nationalen Bewusstseins, riefen, als sie auf die höchste Spitze getrieben waren, ein Unternehmen wach, an welchem die edelsten Kräfte des Landes sich betheiligten, und gaben einem zweiten Unternehmen seine Richtung, welches, wie der Erfolg erweist, dazu bestimmt war, den gesammten Grundbesitz als eine organisirte gegliederte Körperschaft in die Bewegung hineinzuführen.

Die erste dieser Unternehmungen war der Ankauf der derzeitigen „Gazeta Codzienna" (tägliche Zeitung), späteren „Gazeta Polska", durch den mit seinen reichen Geldmitteln alles Edle fördernden Banquier Leopold Kronenberg, welcher den talentvollen, obgleich in der Journalistik wenig erfahrenen Dichter Kraszewski aus Zytomir zum Redacteur und die tüchtigsten Fachleute zu Mitarbeitern berief.

Statt der nutzlosen Klatschereien und der gefahrvollen Aufhetzungen, welche besonders der vielverbreiteten, feudalen Vorurtheilen schmeichelnden „Gazeta Warszawska" (Warschauer Zeitung) beliebten, sollte das lesende Publikum, zum ersten Mal seit 1831, wieder mit nationalökonomischen Fragen beschäftigt werden, und die krankhaft aufgeregten Gemüther an der Quelle gesunder, das Wohl des Landes fördernder Grundprinzipien Nahrung und Erstarkung finden.

Selten ist ein Zeitungsunternehmen von grösserer Tragweite gewesen, selten mit grösserer Uneigennützigkeit und grösseren Geldopfern auf der einen Seite, und unter grösseren Schwierigkeiten und Anfeindungen auf der andern begonnen, und noch seltener mit grösserer Beharrlichkeit und Ueberzeugungstreue zum Siege geführt worden.

Der hochsinnige Kraszewski musste es sich anfangs gefallen lassen, in der sogenannten Gesellschaft als Verräther an den Traditionen Polens verschrieen und gemieden zu werden; Pamphlete mit den gröbsten Schmähungen und Drohungen gingen ihm von allen Seiten zu. Doch Nichts vermochte ihn von der neu betretenen segensreichen Bahn wieder abzubringen.

Direkte Correspondenzen aus In- und Ausland, die sich meist auf das industrielle Leben bezogen, belehrende Artikel über politische Zustände des Auslandes, soweit sie in den gegebenen Censurverhältnissen möglich waren, verschafften dem erneuerten Blatte sehr bald den Vorrang vor der „Gazeta Warszawska" und einen fast unbedingten Einfluss auf die Stimmung des Landes. Sein neuer Eigenthümer und die neue Redaction haben das Verdienst, Arbeit, Industrie und Handel und mittelbar deren Träger im Lande wieder zu Ehren gebracht, das polnische Volk in die moderne europäische Völkerfamilie wieder eingeführt und ihm den Ernst und die Reife gegeben zu haben, denen die jetzige Erhebung ihre Kraft verdankt.

Der von der Regierung protegirte Judenhass verschwand nun zwar in Folge der neuen Richtung der „Gazeta Polska", der auch die übrige Journalistik mehr oder weniger folgen musste, aus den öffentlichen Blättern, bahnte aber im praktischen Leben des Volkes industriellen Unternehmungen den Weg, die ohne diesen confessionellen und nationalen Beisatz schwerlich so viel Anklang gefunden hätten, da ihre politische Tragweite vielleicht von den Gründern kaum berechnet, sicher aber kein Gegenstand öffentlicher Mittheilung sein konnte. Der landwirthschaftliche Verein legte nämlich Commissions- und Handlungshäuser an, welche die Vermittelung des Exports und Imports, d. h. die unmittelbare Verbindung des Produzenten mit dem Auslande unter Umgehung der Grosshändler, d. i. der Juden, zum Ziele hatten, und bald auch zum Kleinhandel übergingen, welcher der grösseren Masse der unbemittelten Juden eine unüberwindliche Concurrenz bereiten sollte.

Es ist hier nicht meine Aufgabe, den nationalökonomischen Werth eines derartigen Unternehmens zu beleuchten, das den Minderbegüterten und Privathändlern nur in einem Lande gefährlich werden kann, in welchem die Gewerbefreiheit durch bureaukratische Engherzigkeit und mittelalterliche Privilegien, wie in Polen und Russland, gehemmt ist. Nur soviel sei hier nochmals angedeutet, dass die negative Seite der Commissions- und Handlungshäuser, die Vernichtung des vermeintlich antinationalen jüdischen Elements in der Menge weit mehr Verständniss vorfand, als ihre positive Seite, die Hebung des Grundbesitzes, und als ihre politische Seite, welche nur von den Einsichtigeren dunkel geahnt wurde. Die russische Regierung aber, welche diesem anscheinend auf den unfehlbaren Ruin der Juden gerichteten Vorhaben kein Hinderniss in den Weg legen zu müssen glaubte, sollte bald nach dem Ausbruch der Bewegung von einer das ganze Land umfassenden Organisation überrascht werden, welche durch eine kleine Schwenkung aus einer commerziellen in eine politische Körperschaft sich verwandelte und jede Strömung in der Residenz vermittelst ihrer Provinzialcorrespondenten und Commissäre über alle Gegenden des Königreichs und der s. g. russisch-polnischen Provinzen hinaustrug.

Es zeigt sich hier wieder einmal, wie weit schlaue Bureaukratie und hinterlistige Niederhaltung eines Theils der Bevölkerung durch den andern von echter Staatsklugheit entfernt ist.

Doch glaube man nicht etwa, dass der im landwirthschaftlichen Verein vertretene grundbesitzende Adel seine wahren Interessen wahrzunehmen verstand.

Während im Kaiserreich die Emancipation der leibeigenen Bauern, von der Regierung vorbereitet, ihrer Ausführung immer näher rückte, um dem Kaiser auf Kosten des

Adels Millionen dankbarer Seelen zu erwerben, hätte dem Grundbesitz im Königreich nichts näher liegen sollen, als die in allen slavischen Ländern so bedrohliche Bauernfrage aus eigener Veranlassung zu lösen, den Bauern vom Frohndienst zu befreien, mit verzinslichem Grund und Boden zu belehnen, resp. die Zinsablösung anzubahnen. Zwar erhoben sich in den Sitzungen des landwirthschaftlichen Vereins schon im Jahre 1860 gewichtige Stimmen für diese Maassregel, doch es fehlte dem Adel die politische Reife und mehr noch die Opferfähigkeit, die ein so weittragender freiwilliger Schritt voraussetzt, wenn er von den Interessenten selbst collectiv mit Energie befürwortet und einer jede prinzipielle Aenderung scheuenden Regierung abgetrotzt werden soll. Es darf aber auch zur Entschuldigung der Einsichtigeren unter den Grundherren nicht unerwähnt bleiben, dass nach einem im Jahre 1846 in Folge der galizischen Bauernaufstände erlassenen Gesetze jede etwaige Auseinandersetzung zwischen Bauern und Besitzern nur durch Vermittlung der Regierung geschehen durfte, die dafür den Dank ernten wollte. Die russische Regierung aber mochte wohl dieses wichtigste aller Landesinteressen stets ungelöst wie ein Damoklesschwert über dem Adel schweben lassen, um diesen in jeder nationalen Bewegung zu lähmen.

Zwei wichtige sociale Fragen waren es somit, welche reichen Gährungsstoff bieten mussten in dem Augenblicke, da die Elemente des Volkes aus ihrer Starrheit gerissen und in Fluss gebracht werden sollten: die Bauern- und die Judenfrage. Die Bedeutung der ersteren leuchtet von selbst ein; in Betreff der letzteren muss immer wieder daran erinnert werden, dass sie den achten Theil der gesammten, und etwa die Hälfte der städtischen Bevölkerung des Königreichs in ihren wesentlichsten materiellen Interessen tief berührte.

Diese beiden Fragen hatte die russische Regierung mit der Uebernahme des Landes vorgefunden und durch ihre Herrschaft nur noch verwickelter gemacht. Eine dritte, alle Schichten der Bevölkerung in gleicher Weise betreffende Frage hatte die russische Regierung durch ihre rückgängige Verwaltung erst geschaffen, nämlich die Unterrichtsfrage, deren traurigen Stand wir bereits oben in Kürze gezeichnet haben. Mit dem Anfang der Bewegung des Jahres 1861 fing die Regierung in Polen erst zu begreifen an, welche Bedeutung die Lösung dieser drei socialen Fragen für die nationale Einheit und Kraft des Volkes haben könnte, wenn das Volk hierin die Initiative ergriffe, und seit damals wetteifern Volk und Regierung mit einander an der Heilung dieser lange verabsäumten Volksschäden. Bis dahin aber, bis zum Jahre 1861 sahen die damalige Regierung, d. h. Muchanow, und das damalige Volk, d. h. die Mehrheit der Grundbesitzer ahnungslos der Zukunft entgegen, obgleich dem achtsamen Beobachter manche Anzeichen den herannahenden Sturm verkündeten.

Das damalige polnische Volk, das Volk vor dem Ausbruch der Bewegung ist nicht das Volk, das jetzt das Aeusserste an die Erringung seiner nationalen Freiheit setzt.

Bis zum Jahre 1861 bedeutete das Wort „obywatel" (Landeseinwohner, Staatsbürger) im Munde des Volkes wie in der Literatur nichts mehr und nichts weniger als: ländlicher Grundbesitzer. Dies eine sprachliche Moment dürfte bezeichnend genug sein für die ausschliessenden Tendenzen des Standes, in dessen Hände allein die Leitung aller nationalen Interessen bisher gelegt war, so viel unter dem russischen Scepter überhaupt davon die Rede sein konnte.

Die erste Stunde der Bewegung hat die ganze Schichtenlage des polnischen Volkes umgekehrt und dem bürgerlichen oder demokratischen Elemente die Volksführerschaft in die

Hände gegeben. Im Laufe der geistigen Bewegung von 1861 bis 1863 wiederholte der Adel noch mehrmals den Versuch, die Zügel der Volksleitung wieder zu ergreifen, aber nur dann gelang's ihm und nur so lange, als er seinen Standesvorrechten entsagte und mit dem intelligenten und gemässigten Bürgerstande, zu welchem das gemeinsame conservative Interesse ihn annäherte, Hand in Hand ging. Wagte er es, alte feudale Reminiscenzen wieder aufzufrischen, so war's um seinen Einfluss geschehen.

Dritter Abschnitt.

Die Erweckung des Volksbewusstseins im Laufe des Jahres 1860 bis Ende Februar 1861. Demokratische Emigration. — Akademische Jugend. — Nationalität und Kirche. — Ultramontanismus und Socialismus. — Demonstrationen. — Der Kaiser in Warschau. — Gottesdienste. — Verhaftungen. — Russische Bureaukratie. — Der 25. und 27. Februar. — Landwirthschaftlicher Verein, Bürgerdelegation. — Hoffnungen und Wünsche.

Es gilt jetzt, die im Geheimen begonnene Thätigkeit derjenigen Partei zu beschreiben, welche im Februar 1861 das Land mit ihrer eigenen Existenz und zugleich mit dem Beginn der seit damals unterbrochenen Bewegung der Geister überraschte, und welche von da ab stets offener und kühner die Leitung des Volkes und endlich die Zügel der Regierung in die Hände nahm; es gilt, die Entstehung der Demokratie in Polen, oder, genauer gesagt, die Uebertragung derselben aus der französischen Emigration in das Mutterland, und die Gestalt, welche sie in diesem letztern annahm, zu beleuchten.

Die von dem edlen Pirogow auf dem Gebiete der russischen Volksbildung eingeschlagene, im ganzen Kaiserreich mit Jubel begrüsste reformatorische Richtung brachte, aber leider nur auf sehr kurze Zeit, in allen dem russischen

Scepter untergebenen Ländern eine geistige Strömung in Fluss, welcher auch der aller Volksaufklärung widerstrebende Muchanow einen Augenblick nachgeben musste. Diesem schwachen Augenblicke verdankt Polen die Errichtung der medizinischen Akademie (Fakultät) in Warschau, als Abschlags-Zahlung auf die von Nikolaus aufgehobenen Warschauer und Wilnaer Universitäten, Lyceen, wissenschaftlichen Vereine, Bibliotheken u. s. w.

Genau genommen wurde mit der Gründung dieser Anstalt nur einem sehr drängenden reellen Bedürfniss nachgegeben, welches im ganzen russischen Reich sich immer stärker geltend machte. Die Russen haben nämlich eine ganz unerklärliche Abneigung gegen das Studium der Heilkunde, und die Jünger Aeskulap's im Czarenreiche sind fast durchweg entweder Deutsche oder Polen oder aus den polnischen Landestheilen stammende Juden, die meist der polnischen Nationalität sich anschliessen. Auf dem flachen Lande in Russland sucht man oft in mehr als zehnmeiligem Umkreis vergebens ärztliche Hilfe, wenn nicht gerade ein reicher Besitzer in der Nähe seinen eigenen Leibarzt besoldet, dem er die Praxis in der Umgegend gestattet. Um diesem Uebelstande abzuhelfen, musste man darauf bedacht sein, das medizinische Studium denjenigen Volksstämmen so viel wie möglich zu erleichtern, die ihm Neigung entgegenbrachten. Unter solchen Verhältnissen war die Errichtung der Akademie in Warschau eben so im russischen wie im polnischen Interesse. Die Polen aber unter russischem Scepter erhielten auf diese Weise wenigstens einen Wissenszweig wieder in ihrer Muttersprache dargeboten.

Zwar mischte sich auch in dieses neue Institut die russische Bureaukratie mit Uniform und Gallahut und mit Formalitäten allerlei Art, welche die freie Bewegung der Jugend lähmten, deren Stätte die Universität nach deutschen Begriffen sein sollte. Die einseitige Einrichtung einer einzelnen Fakultät hatte ausserdem den grossen Nachtheil für das Land, dass fortan fast die ganze wissensdurstige Jugend oft gegen ihren innern Beruf einem und demselben wissenschaftlichen, und also auch einem und demselben Erwerbszweige sich zuwendete. Für die politische Agitation jedoch giebt es wohl kaum ein fruchtbareres Feld, als eine solche Institution, die alle geistigen Kräfte der Jugend, ohne deren Neigung zu befragen, auf e i n e n Punkt drängt und darum stets einen grossen Ueberschuss unbethätigter Seelenkräfte für den jugendlichen Freiheitsdrang in Bereitschaft hält.

Mit diesen Anstalten, der medizinischen Akademie und der Schule der schönen Künste, setzte sich auch zunächst die polnisch-demokratische Emigration, die ihren Hauptsitz in Paris hatte, in Verbindung.

Wir Deutschen haben in der Regel einen sehr schlechten Begriff von der polnischen Emigration. Wir denken uns einen kleinen Traumstaat, in welchem die Schatten einer unveränderlichen Vergangenheit, um die Aussenwelt unbekümmert, ihr Scheinleben fortschleppen. Wir denken uns Leute, die auf ihrem oder ihrer Väter verdienten oder unverdienten Ruhme ausruhend sich als Nationalaltäre betrachten, denen die Nation ihre Opfer darbringen müsse. Heinrich Heine hat uns in seinen „Polen aus der Polackei" gelehrt, mit Verdruss von einer Gesellschaft uns abwenden, welche in die Gegenwart einzugreifen nicht vermag, oder nicht den Willen hat, und Heine zeichnete in wenigen Zügen ganz treffend die in ewiger Sentimentalität vegetirenden Schmarotzer-Emigranten.

Aber ausserhalb dieser verrotteten Welt hat die polnische Emigration thatkräftige Individuen aufzuweisen, die in der Fremde das Leben der polnischen Nation da fortsetzten, wo es in der Heimath mit blutigem Schwerte grausam durchschnitten ward. Hier, in der Fremde, wurden die Pulsadern sorgfältig verbunden, aus denen nach der Absicht des Petersburger Kabinets das Blut des polnischen Volkes in den Sand verrinnen sollte. Hier wurde der Same des Geistes fortgepflanzt und angebaut, dem die Heimath keine Pflege mehr bot. Hier setzte Mickiewicz seine Dichtungen und Studien, Lelewel seine umfassenden Geschichts- und Alterthumsforschungen fort; hier sangen Slowacki und Krasinski, hier schuf Mochnacki für sich und Andere seine Ansicht über die Grundlagen, auf denen allein ein neues Polen erbaut und erhalten werden kann.

Freilich haften fast allen Erzeugnissen dieser Männer, soweit sie auf die Gegenwart Bezug haben, die Fehler an, deren die Emigranten keines Landes sich zu entäussern vermögen. Die Strenge und Härte des persönlichen Elends, im ursprünglichen Sinne dieses Wortes, schleichen sich in die Auffassung und Behandlung der Volksangelegenheiten ein und erzeugen Theorieen über patriotische Tugenden und sociale Pflichten des Einzelnen, die nur einem Cato zugemuthet und nur in einer Gesellschaft von Catonen gefahrlos zur Ausübung gebracht werden können. Der Heroismus aber, der alle derartige Geistesproducte beseelt, ist gerade dazu geeignet, ein schlafendes Volk zur Bethätigung und Anspannung all seiner in ihm ruhenden Kräfte zu erwecken.

Mit den Schriften dieser Emigration die akademische Jugend vertraut machen, sie lehren, die Vergangenheit schätzen, aber auch aus ihren Fehlern Nutzen ziehen, mit einem Worte: Geschichte lesen, Geschichte im Sinne unserer Zeit, im Gegensatz zur geistlosen Memorirarbeit der heimathlichen Schulen und der geistbannenden Radirarbeit der heimathlichen Censoren, — das war es, womit die demokratische Emigration in den Herzen der Jugend die Funken des Geistes zu wecken sich zur Aufgabe machte von dem

Augenblicke an, da es wieder in Polen einen Sammelpunkt der Jugend gab.

Die Vermittelung zwischen dieser und der demokratischen Emigration bildete neben Andern der ehemalige Schüler der medizinischen Akademie, Kurzyna, welcher im Jahre 1859, als die akademischen Zöglinge gegen eine die Würde der Anstalt herabsetzende Muchanow'sche Verordnung sich auflehnten, eine hervorragende Rolle gespielt und darum landesflüchtig hatte werden müssen. Stückweise, auf feinem Papier gedruckt, gelangten die Schriften und die daran sich knüpfenden Aufrufe und Anweisungen mit Umgehung der Censur in das Land und wurden von der Jugend gierig verschlungen.

Sorgfältige Vermeidung aller politischen Kundgebungen war hierbei der Akademie wie der Kunstschule aufs Strengste anempfohlen.

Nachdem dieses in der Stille betriebene Vorbereitungswerk vollbracht und der jugendliche Patriotismus mit der Einsicht eines reiferen Geschlechtes einigermassen ausgestattet war, kam von der Emigration die Loosung an, die Jugend möchte mit dem Handwerkerstande Beziehungen anknüpfen, um diesen sonst von regem Volksgeist und Bürgersinn durchdrungenen Stand von der Bahn sittenloser Verwilderung, auf welche die bestehende Polizeiregierung das Volk gedrängt hatte, abzulenken und zum Bewusstsein seiner ihm innewohnenden sittlichen Kraft zu führen.

In einem Lande, wo kein Vereinsrecht, keine Presse, keine Redefreiheit, das heisst, keine Möglichkeit, irgendwo, ausser etwa auf der Kanzel, öffentlich zum Volke zu sprechen, vorhanden ist, müssen natürlich alle derartigen, die Hebung des Volkswohles bezweckenden Arbeiten dem Tageslicht sich entziehen und nehmen darum schnell den revolutionären Charakter an, auf dessen Vernichtung alle jene Beschränkungen des Volkslebens abgesehen sind. Um die Erlaubniss, eine Handwerker-Ressource zum Zwecke moralischer Hebung dieses verwahrlosten Standes zu gründen, bemühte sich meines Wissens ein würdiger Geistlicher in Warschau jahrelang vergebens; eben daher war es der akademischen Jugend ein Leichtes, ihre unterirdische Verbindung mit demselben Stande herzustellen. Doch der Volksgeist liebt das Dunkel nicht; kaum war er durch jene geheimnissvollen Mittel geweckt, als er schon zur Oeffentlichkeit, das ist nach russisch-bureaukratischen Vorstellungen zur Ungesetzlichkeit, drängte, um über das Land sich ergiessen zu können.

Wenn aber in einem Staate dem Volksleben keinerlei Aeusserung gestattet ist, wenn alles Vaterländische politisch und alles Politische Rebellion heisst, da flüchtet sich der Alle gemeinsam belebende nationale oder sociale Gedanke in die Kirche als den einzigen legalen Versammlungsort, und die Kirche wird der Ausgangspunkt jeder nationalen Kundgebung. Diese Erkenntniss drängte sich der polnischen **Demokratie** schnell auf, als sie auf ein Mittel sann, den nationalen Sinn im Volke nach dreissigjährigem Schlaf zu neuem Leben zu erwecken, und es entstand die uns so unnatürlich scheinende Verbindung der nichts weniger als kirchlich oder gar ultramontan gesinnten **Demokratie** mit dem **Klerus**. Aus dieser unnatürlichen Verbindung erklären sich die vielen Widersprüche, deren die geistige Bewegung in Polen bis zu ihrem Uebergange zur blutigen That so voll war, dass der deutsche Liberalismus in ihr eine klerikalen Zwecken dienende Volksaufreizung erblickte, während das Petersburger Kabinet sie als socialistische, kommunistische, kosmopolitische Revolution denuncirte, die mit den national-reformatorischen Wünschen Polens in gar keiner Verbindung stünde.

Die eine wie die andere Anschuldigung ist falsch.

Socialistische und communistische Ideen finden im polnischen Volke durchaus keinen empfänglichen Boden. Im Laufe des bewegten Sommers des Jahres 1861, da der Volkswille wochenlang nicht blos sich selbst überlassen, sondern sogar zu Ausschreitungen von feindlicher Seite provocirt wurde, während jede Thätigkeit der intelligenteren und gemässigteren Elemente, wie wir sehen werden, gelähmt war, — im Laufe dieser Zeit konnte man so manche Uebertreibung in den Kundgebungen der aufgeregten Volksmenge, so manche ungerechte Volksrache erblicken, aber keine einzige aller Demonstrationen liess auch nur den leisesten Verdacht aufkommen, als ob hier socialistische Umtriebe mit im Spiele wären.

Die russische Demokratie freilich, die im ganzen Kaiserreich seit Jahren ihr Werk im Geheimen treibt, weil ihr eine öffentliche Wirksamkeit nicht gegönnt ist, bedarf bei der Unreife des russischen Volkes und bei dem geistlichen Charakter des Czaren, der ihn neben Gott und bisweilen über Gott erhebt, des socialistischen und communistischen Beisatzes als Sauerteig für die Massen, die ohne diesen nicht in Gährung gebracht werden könnten.

In Polen ersetzt das Nationalitätsgefühl die politische Reife, der Moskowitenhass entzündet alle Leidenschaften, und die Kirche giebt ihnen die Richtung. Doch nicht die Kirche als Religion, sondern die Kirche als einziges Lokal für Volksversammlungen, und der Geistliche als einziger privilegirter Volksredner. Das Gewölbe der Kirche vereint die von demselben Gefühl Durchdrungenen, die Kanzel giebt dem gemeinsamen Gedanken Ausdruck, und das Volk erwidert mit dem Liede. Hier dient nicht die Nation der Kirche, sondern die Kirche macht sich zur Dienerin der Nation. Der niedere Klerus thut es freiwillig, der höhere, weil er der Volksströmung zu widerstreben für unklug hält. Der niedere Klerus in Polen ist, wie der italienische, vorwiegend national gesinnt; wenn er klerikalen Zwecken dient, so geschieht es nicht mit Bewusstsein, denn dazu fehlt ihm die nöthige Bildung, sondern auf Befehl von oben her. Ist dieser Befehl gelähmt oder in eine andere Richtung gedrängt, dann kehrt der niedere Klerus zu dem zurück, wofür jeder Pole ohne Unterschied des Bildungsgrades ein Verständniss hat, zum nationalen Leben. Nie war Polen weniger bigott und weniger intolerant, als zur Zeit, da seine Gotteshäuser aller Confessionen von patriotischen Reden und nationalen Liedern wiederhallten, die katholischen Processionen und Wallfahrten von politischen Emblemen begleitet waren.

Der Ultramontanismus war offen oder geheim vielmehr ein Gegner der polnischen wie jeder andern nationalen Erhebung, und noch während des Kirchenstreites im Winter 1861/62 reichte der Papst, wie so oft, über die polnische Nation hinweg der russischen Regierung die hilfreiche Hand, setzte den von dieser empfohlenen Felinski zum Erzbischof ein und überliess die gefangenen Bischöfe und Kanonici ihrem Schicksale.

Zwar hat die russische Regierung in Felinski sich geirrt, denn dieser Prälat trat, kaum der Petersburger Luft entrückt und in die patriotische Atmosphäre der Warschauer Bevölkerung versetzt, auf die Seite des polnischen Volkes, weil einige bittere Enttäuschungen genügten, um ihn zu überzeugen, dass seine in redlichster Absicht versuchte Aussöhnung zwischen Volk und Regierung von dieser gemissbraucht wurde und jenem nur zum Nachtheil gereichen konnte: aber diese Umwandlung des Erzbischofs ist ebenso wenig das Verdienst des Papstes wie der russischen Regierung. Wie vielmehr der Papst, der Letzte unter den Monarchen, der Polen sich annahm, so wird er wohl der Erste sein, der ihre Erhebung verdammt. Das fühlte selbst die Geistlichkeit in Polen von der ersten Stunde der Bewegung an, und der einzige Bischof, der im Jahre 1861 aus dem Königreiche zur Heiligsprechung der japanesischen Märtyrer und Verdammung der italienischen Einheit nach Rom reiste, war ein Mann, der sich so sehr gegen den Geist der Nation versündigt hatte, dass ihn selbst die geistliche Würde vor Volksinsulten nicht hatte schützen können. Als die Flamme des Aufstandes bereits ganz Polen entzündet hatte, da versuchte noch die russische Regierung in ihrem amtlichen Organe durch eine polnische ultramontane Stimme aus der Umgebung des Papstes den Brand zu beschwören. Diese Stimme warnte vor den polnischen Garibaldi's und nannte den Aufstand ein unchristliches Vorhaben. Die Antwort darauf erschien in der geheimen Flugschrift: „Stimme eines polnischen Priesters."

So viel zur Widerlegung Derjenigen, welche, nach dem Scheine urtheilend, die nationale Bewegung der Polen eine kirchlich-reactionäre nennen, und zum Verständniss des religiösen (nicht confessionellen) Beigeschmacks, der in den gegebenen Verhältnissen alle ernsteren und für die Massen bestimmten Kundgebungen des nationalen Sinnes begleiten musste, wollte dieser überhaupt an's Tageslicht treten.

Die ersten Manifestationen des sich zum Leben wieder aufraffenden Nationalgefühls trugen nicht im Entferntesten das religiöse Gepräge der späteren an sich, waren darum aber auch nur von ephemerer Wirkung und gelangten, da die Presse über sie schweigen musste, kaum zu allgemeinerer Kenntniss.

Die Schüler der medizinischen Akademie forderten in einer Adresse an die Regierung die Wiederherstellung der Warschauer Universität. Aber diese bescheidene Kundgebung nationalen Wissensdranges fand weder in der Seele des stolzen Muchanow, noch in den Herzen der lethargischen Massen einen Wiederhall.

Einen angenehmen Rausch allenfalls, doch Nichts weiter vermochten die nationalen Klänge zu verursachen, welche ein deutscher Musikdirector in einem Concertgarten der vornehmen Welt in Warschau wieder belebte, als er Bach's „polnische Blumen" mit einem zarten Anflug an das bekannte: „Noch ist Polen nicht verloren" dem freudig überraschten Publikum vorführte.

Die „Gräfin" des genialen Componisten Moniuszko, die erste polnische Originaloper, welche die Veredlung der Nationalmusik anstrebte und das altpolnische Leben mit seinen malerischen Kleidertrachten auf die Bretter brachte, rief einen von polnischer Lebhaftigkeit begleiteten höchst censurwidrigen Beifall hervor; doch Niemand traute dieser harmlosen nationalen Erinnerung eine politische Tragweite zu. Für ihre wahre Bedeutung aber als Grundstein zu einer nationalen Bühne hatten nur wenige Auserwählte das rechte Verständniss.

Die erste Demonstration, welche das von der Demokratie beschlossene Werk der Wiederbelebung wesentlich förderte, war schon religiöser Natur, insoweit eine Beerdigungsfeier auch ein religiöser Act ist. Wie wenig jedoch das Bekenntniss hierbei in Betracht gezogen wurde, ist daraus zu ersehen, dass diese Demonstration einer aus deutscher Familie entstammten Protestantin galt.

Im August 1860 starb die Frau des General Sowinski, welcher im Jahre 1831 bei Vertheidigung einer in ein kleines Fort umgewandelten Kirche in der Nähe Warschaus gefallen war. Diese Gelegenheit, eine nationale Erinnerung wach zu rufen, wurde mit Hast ergriffen. Die akademische Jugend streute im Geheimen gedruckte Proklamationen aus, welche zur Betheiligung an der Beerdigungsfeier unter Hinweis auf die nationalen Verdienste des Gatten der Verewigten aufforderten. — Eine gedruckte Publikation ohne des Censors Imprimatur und gar eine Publikation patriotischen Inhalts, in der selbst das verpönte „Vaterland" eine Stelle fand! — über solch unerhörtes Wagniss war das Volk erstaunt, und Warschau sah das seit dreissig Jahren entbehrte Schauspiel, dass dem Andenken eines Patrioten öffentliche Ehren erwiesen wurden. Vom protestantischen Kirchhofe zog die Menge, nachdem sie hier zum ersten Mal das später viel besprochene „Boze cos Polske" gesungen, in jene kleine Kirche, in welcher Sowinski mit seiner Schaar den Heldentod gefunden, und welche seitdem, um auch diese wie jede andere polnische Erinnerung zu ertödten, in eine griechisch-katholische Kirche umgewandelt worden war; seit dreissig Jahren schlugen hier wieder polnische Töne an das Gewölbe des Gotteshauses.

Die Polizei war überrascht, sie suchte nachträglich der politischen Agitation auf die Spur zu kommen, — doch vergebens. Die Oberfläche wurde nach dieser ersten Demonstration bald wieder ruhig und die Regierung wieder sorglos. Es war, wie sich die Aktionspartei ausdrückte, dem Volke auf den Zahn gefühlt und erkannt worden, dass dreissigjährige Ertödtungsversuche dem Geiste des Volkes noch nicht den letzten Schlaf bereiten konnten.

Einige Monate später sollte die Anwesenheit des Kaisers Alexander in Warschau, wo er mit dem Prinz-Regenten von Preussen und dem Kaiser Franz Joseph zusammentraf, das Signal zu Kundgebungen der unzufriedenen Volksstimmung werden. In der That gab die Anwesenheit des Kaisers Alexander in Warschau den Beamten niemals Anlass, sich ihrer Verantwortlichkeit zu erinnern. Wenn der Kaiser Nikolaus in Polen war, zitterte das Volk vor dem Zorn des Monarchen, der durch irgend ein unwesentliches Begebniss aufs Höchste gereizt werden konnte; aber es zitterte zugleich das grosse Beamtenheer, Nikolaus inspicirte fast sämmtliche Amtsgebäude und öffentliche Institute, wiewohl sein pedantisch-militärischer Blick mehr auf Aeusserlichkeiten sich zu richten pflegte; auch Deputationen pflegte er zu empfangen, wiewohl dafür gesorgt war, dass ihm unliebsame Aeusserungen des Volkswillens ferngehalten würden; persönliche Bittgesuche pflegte er selbst den Petenten abzunehmen, wiewohl freilich selten Jemand an ihn heranzukommen wagte. Genug, Polen erinnerte sich ehemals bei der Anwesenheit des Kaisers daran, dass es von einer persönlichen, wenn auch dämonischen Kraft beherrscht sei. Andere Gefühle rief der Besuch des Kaisers Alexander wach. In die Landesverwaltung that er keinen ostensiblen Einblick, Deputationen wurden seit dem bekannten „point de rêveries" nicht zugelassen oder zogen sich zurück; Bittgesuche wurden von der kaiserlichen Kanzlei entgegengenommen und konnten nach längerer Zeit aus der in Polen tagenden „Specialkommission zur Erledigung von Bittschriften" unerledigt abgeholt werden. Dagegen wurden jetzt zum Empfange des Kaisers allerlei Festlichkeiten vorbereitet und besonders liebte derselbe den Besuch des Theaters. Hier also im Theater sollte die Unzufriedenheit einen Ausdruck finden, und es wurde dazu kein besonders edles Mittel gewählt. Ein gewisses in der kaiserlichen Loge und im Parquet ausgeschüttetes Gas sollte dem Fürsten symbolisch andeuten, in welchem Geruche die Vertreter seiner Gewalt in Polen ständen. Nach italienischem Muster wurden ferner die Kleider Derjenigen mit Schwefelsäure begossen, welche den herrlichen, feenhaften Illuminationen im Park zu Lazienki oder anderem Schaugepränge beiwohnten.

Doch der Kaiser soll alle diese Kundgebungen vorzugsweise auf die Unliebsamkeit der damals in Warschau abgehaltenen Conferenz bezogen haben. Die drei Fürsten trennten sich wieder; die heilige Allianz, deren Kitt das dreigetheilte

Polen sein sollte, mochte nicht wieder sich zusammenfügen lassen. Auch Kaiser Alexander reiste ab und hinterliess die Alleinherrschaft in Polen nach wie vor dem Kosackenhetman Muchanow.

Die politische Agitation richtete sich jetzt im Laufe des Winters 1860 auf 1861 gegen die sogenannte höhere Gesellschaft, die in Luxus und Genusssucht ihr nationales Leben und Wünschen ertränkte. Denn unter Kaiser Nikolaus hatte die Maxime gegolten, Polen durch Demoralisation zu unterwerfen.

Allzu auffällige Damentoiletten wurden bald durch eine scharfe Säure, bald durch den scharfrügenden Blick eines Fremden zu Reduktionen gezwungen. Vor den elegantesten Modehandlungen standen Unbekannte und musterten die Damen, die hier zu irgend einem Eroberungskampf sich rüsteten, dessen Schauplatz die Soiréen der grossen und kleinen Salons werden sollten. Mitunter hörte eine Dame hinter sich die Worte: „Sparen Sie Ihr Geld zu besseren Zwecken;" sie kehrte sich um und sah einen jungen Mann ruhig seines Weges gehen. Statt der Cylinderhüte tauchten die weissen polnischen Mützen auf, und auch die Czamarka liess sich zuweilen sehen. Der 15. Oktober und der 29. November, jener als der Kosciuszkotag, dieser als der Jahrestag der Revolution von 1830, wurden durch Andachten in den Kirchen gefeiert, wobei patriotische Lieder vertheilt und gesungen wurden. Dies Alles wirkte erweckend und aufregend auf die niederen Schichten des Volkes; die intelligenteren und besitzenden Klassen blieben unbewegt, wiewohl sie einer gewissen Beklommenheit, wie vor dem Ausbruch eines Ungewitters, sich nicht erwehren konnten.

Die Zeitungen schwiegen natürlich über alle diese Vorgänge, denn die Censur kennt nur eine Wahrheit, und das sind die amtlichen Berichte, die aus dem Regierungsorgan wortgetreu in alle übrigen Blätter übergehen müssen. Die Behörden aber dachten noch immer daran, die Sache todtschweigen zu können, deren eigentliche Bedeutung sie durch die Polizei nicht erfahren konnten. Die Polizei hatte unter Paszkiewicz sich so sehr an willkürliche Erfindungen politischer Verbrechen gewöhnt, dass sie den Spürsinn fürs Reale dabei verlor. Einige Verhaftungen aufs Gerathewohl brachten dem Vehmgericht in der Warschauer Citadelle neue Beschäftigung und dem Gefängnisswärter des berüchtigten 10. Pavillons neue Gelegenheit, seine raffinirte Grausamkeit vor Vergessenheit zu schützen. Wir werden im Laufe unserer Erzählung der Citadelle und den politischen Untersuchungen in derselben leider eine besondere Besprechung widmen müssen, darum sei hier nur Einiges darüber beiläufig bemerkt. Die politische Gerichtsbarkeit in Polen wurde seit dem Jahre 1831 von Militär-Kommissionen geübt nach einem Gesetz-Codex, der, wie Fürst Gortschakow 1861 der Bürgerdelegation naiv eingestand, noch nicht veröffentlicht ist. Dass unter Paszkiewicz die Anwendung der Tortur Behufs Erpressung von Geständnissen in der Citadelle üblich gewesen ist, weiss ich aus dem Munde glaubwürdiger Leute, die aus eigener trüber Erfahrung sprachen. Dass die Gerichtsverhandlungen in der Citadelle geheim waren und die Dekrete nie veröffentlicht wurden, bedarf wohl kaum der Erwähnung.

Mit der Thronbesteigung Alexanders II. wurden fast alle Warschauer Citadellgefangenen befreit, und seitdem war bis zum Jahre 1860 von Verhaftungen aus politischen Gründen wenig zu hören gewesen. Um so eher hätte wohl die Aufhebung der willkürlichen, allenfalls durch Ausnahmezustände zu rechtfertigenden Militärgerichte, und die Wiedereinführung der politischen Civilgerichtsbarkeit erwartet werden dürfen. Der Nikolaus'sche Kriminalcodex, dessen unausführbare Härte bekannt ist, und die Gefügigkeit der

Justizbehörden durften wohl für die strenge Ahndung etwaiger politischer Vergehen mehr als genügend bürgen. Nichts desto weniger öffneten die Thore der Citadelle sich aufs Neue den jugendlichen Anführern von Demonstrationen, in denen die nationalen Gefühle noch einen ziemlich harmlosen Ausdruck fanden, welche der russischen Regierung aber andeuten mussten, dass die Zeit zur freiwilligen Verleihung der in Petersburg angeblich längst beabsichtigten Reformen reif sei.

Doch die Personen, in deren Händen die Lokalverwaltung des Königreichs sich befand, waren theils wegen ihrer Unfähigkeit, theils wegen ihres Hochmuths am wenigsten geeignet, dem gepressten Volksbewusstsein die nöthigen Ventile zu öffnen, um einen gewaltsamen Ausbruch zu verhindern. Den besten Willen des Kaisers Alexander vorausgesetzt, hatte der von Nikolaus eingeführte todte Formalismus in allen Verwaltungszweigen bis auf die Polizei hinab gar nicht die Organe, durch deren Vermittelung die Wünsche oder auch nur die Stimmung des Volkes zur Kenntniss der Regierung gelangen konnten. Der Februar 1861 fand die Leiter der letzteren in Polen völlig ohne Vorkehrungen für den Fall etwaiger Lautwerdung dieser Wünsche, so wie ohne jeden Unterscheidungssinn zwischem einem loyalen Verlangen nach inneren Reformen und einer offenen Volksauflehnung. Die russische Bureaukratie bezeichnet alle freiwillige Thätigkeit des Volkes mit dem Namen „Bund" (bunt) und dieses ist gleichbedeutend mit Rebellion. Dieser vollständige Mangel politischen Verständnisses im Schoosse der Regierung in Polen hat der Agitation weit grössere Dienste geleistet, als ihre eigene Kraft; die ewigen Bedenken und Halbheiten, so oft es galt, den Gemässigten im Lande irgend einen legalen Weg zu eröffnen, auf welchem sie die Reformpläne der Regierung zu unterstützen und der bis zur Rekrutirung so kleinen Revolutionspartei entgegen zu arbeiten im Stande gewesen wären, ohne den Verdacht nationaler Abtrünnigkeit auf sich zu laden, mit einem Worte, die Unfähigkeit der russischen Regierung, sich eine Partei im Lande zu schaffen, hat schliesslich der Aktionspartei alle diejenigen in die Arme geworfen, die sich nicht dereinst den Vorwurf machen wollten, durch ihre Unthätigkeit den Untergang ihrer Nationalität verschuldet zu haben. Es wechselten, wie wir wissen, im Laufe der polnischen Bewegung die Personen und Systeme, oder besser gesagt, die Experimente, in der obersten Leitung des Königreiches gar oft; aber immer wieder fiel man in denselben Fehler zurück, dass man die Theilnahme des Volkes an der Beruhigung des Landes zurückstiess und dennoch unbedingtes Vertrauen in die Absichten der Regierung verlangte. Dieser Erbfehler der russischen Bureaukratie hat das Feuer in Polen mehr geschürt, als die kosmopolitische Revolution, für welche in diesem Lande, wie wir oben sahen, wenig fruchtbares Land vorhanden ist.

Vergebens wird man mir einwenden, dass Wielopolski, der Träger der für das Congressreich bestimmt gewesenen Reformen, aus dem Privatstande in die Verwaltung übergegangen und also frei war von jener russisch-bureaukratischen Engherzigkeit. Wielopolski's hochfahrendes, Nichts neben sich duldendes Wesen ersetzte mehr als genügend die russische Abneigung gegen jede Mitregierung der Landesintelligenz. Durch diese seine Eigenschaft ausschliesslich hat der merkwürdige Mann mit dem eisernen Charakter der Bewegung unablässig neue Nahrung zugeführt, dem Volke eine Provokation nach der andern ins Gesicht geschleudert, und er war auf diese Weise gleich allen übrigen Beamten in Polen, ohne es zu wollen, ein eifriger Diener der revolutionären Nationalregierung, für die er schliesslich selbst die Kämpfer anzuwerben bestimmt war.

Diese allgemeine Charakteristik der russischen Regierung wird das Verständniss eröffnen für alles dasjenige, was seit dem Eintritt der polnischen Volksbewegung in die Oeffentlichkeit bis zum Beginn der blutigen Feindseligkeiten sich in unaufhaltsamer Consequenz fortentwickelte, und so kehren wir nach dieser Vorausschickung wieder zu den Februarereignissen des Jahres 1861 zurück.

Man brauchte kein grosser Staatsmann zu sein, um vorherzusehen, dass die durch den Eintritt Oesterreichs in die Reihe der Verfassungsstaaten wieder erweckten Regungen des Volkslebens in Ungarn und Galizien auch im polnischen Nachbarlande nicht ohne Einfluss sein würden. Ungarn machte nach dem Oktober-Diplom den ersten Versuch, die bisher von allen politischen und nationalen Bestrebungen ferngehaltenen Volksklassen resp. Nationalitäten durch Verbrüderung sich zu gewinnen. Galizien ahmte das Beispiel nach; Polen und Ruthenen, so wie zum Theil auch die Juden verbanden sich zu gemeinsamer politischer Arbeit.

Die Aufrichtigkeit und die Dauer dieser Verbrüderungen kann uns hier für unseren Gegenstand gleichgültig sein. Die Vorgänge in Oesterreich genügten, um die intelligenteren Klassen der Bevölkerung des Königreichs Polen über den traurigen Zustand der Zersplitterung zum Nachdenken zu bringen, die bisher die verschiedenen Stände trennte. Der Indifferentismus der höheren Stände war hiermit aus seinem langjährigen Schlaf gerüttelt und um so leichter war es darum den Führern der Bewegung in Polen, bei der nächsten Volksdemonstration das erste Erforderniss einer socialen Wiedergeburt, die innere Einheit aller Glieder des Staats, durch einen öffentlichen Akt herzustellen und, so lange es ihnen rathsam erschien, als Parole der Bewegung zu benutzen. Der Schlachttag von Grochow, der 25. Februar, war bereits längere Zeit vorher als Demonstrationstag dem Volke angekündigt; der Moment konnte nicht besser gewählt sein. Der landwirthschaftliche Verein tagte zur Zeit in Warschau und versammelte die Grundbesitzer aus allen Gegenden des Landes. Wie diese Körperschaft durch ihre Commissions- und Handlungshäuser, durch ihre Correspondenten und Bevollmächtigten organisirt war, haben wir bereits oben angedeutet. Es galt nun, nicht blos die anwesenden Mitglieder des landwirthschaftlichen Vereins, d. h. den Adel, in die von der Demokratie vorbereitete Bewegung und Verbrüderung aller Stände und Bekenntnisse hineinzuziehen, sondern auch in ihnen die tausendstimmigen Organe zu finden, vermittelst deren in Ermangelung der Presse die Stimmung und die Vorgänge in der Residenz dem ganzen Lande mitgetheilt werden konnten.

Unter diesen Auspicien rückte der 25. Februar heran. Militärdetachements hielten das Schlachtfeld von Grochow stark besetzt, um etwaigen Zusammenkünften an diesem nahe bei Warschau gelegenen Orte zuvorzukommen. Anstatt dessen versammelte sich am Abend des 25. eine Anzahl von Menschen in und vor der Paulinenkirche auf der Altstadt, und nach beendigtem Gottesdienste trat eine Procession aus der Kirche, um einen Rundgang durch die Stadt zu versuchen.

Seit dreissig Jahren sahen die Polen wieder zum ersten Male ihre Fahne, den weissen Adler entfaltet, die von der Akademie der schönen Künste vorangetragen wurde. Dies genügte, um die unter Führung des Oberpolizeimeisters Trepow im Hinterhalt lauernden Polizei- und Soldatenwachen auf die Menge loszulassen. Diese stob, so weit es die Enge der Strassen und die militärische Umzingelung zuliessen, auseinander; nur Wenige versuchten sich zur Wehre zu setzen. Verhaftungen wurden vorgenommen, bei denen selbst Leute aus dem Volke die Polizei unterstützten; so wenig war noch das Bewusstsein geklärt, dass es sich hier um eine politische Kundgebung handelte. Erst die andern Tags erlassene Bekanntmachung des Oberpolizeimeisters, wonach „einige Dutzend" junger Leute mit Fahnen, Fackeln und Gesängen einen Umzug versucht hätten und grösstentheils verhaftet worden wären, und demnach der ruhige Theil der Bevölkerung vor der Theilnahme an etwa sich „wiederholenden derartigen Umzügen" gewarnt wurde, — machte die Einwohner Warschaus auf die wahre Bedeutung des Vorganges vom 25. aufmerksam, so dass die Procession am Vormittage des 27. Februar mit besserem Erfolge wieder aufgenommen werden konnte. Wieder rückte der Zug von der Altstadt aus und schwoll durch den Anschluss der Begegnenden in allen Strassen immer stärker an; mit den Liedern wechselten die Rufe nach Einheit und Verbrüderung aller Stände und Bekenntnisse, und mit der steigenden Zahl des Zuges schwand sein katholischer Charakter, da Protestanten und Israeliten der Aufforderung zum Anschluss willig Folge leisteten. Endlich zog die Procession zur Ueberraschung des Statthalters an seinem Residenzschlosse vorüber nach der Krakauer Vorstadt, den Boulevards von Warschau. Da sie hier die Strasse gesperrt fand, wandte sie sich geschickt in ein Seitengässchen und setzte im Rücken des Militärs ihren Zug fort. Ein der Procession zufällig begegnender Leichenzug vermehrte den Andrang von Menschen, aber auch zugleich die Gereiztheit der Soldaten, die dem Leichenzuge sich entgegenstellten. Sie zerbrachen das dem Sarge vorangetragene Kreuz und misshandelten den die Leiche begleitenden Geistlichen. Ein besseres Mittel, die Leidenschaften der Menge zu erhitzen, hätten die Leiter des Volkes selbst nicht wählen können. Steine wurden auf das Militär geschleudert, dies gab Feuer, es fielen fünf Personen; doch die Menge wich nicht, sie schien auf mehr Opfer zu warten.

Wo es um Märtyrermuth geht, wo es gilt, für eine nationale Idee oder deren Kundgebung sein Leben ohne Gegenwehr und selbst ohne Erwägung des Nutzens zum Opfer zu bringen, da ist der Pole nur mit den ersten Christen zu vergleichen, denen für ihre Sache in den Tod zu gehen, höchste Seelenwonne und Verdienst war. Das passive Märtyrerthum wird im polnischen Volke, wenn einmal sein nationales oder religiöses Gefühl erweckt ist, leicht zur Manie; es hört auf ein Mittel zu sein, es wird Selbstzweck. In der Phantasie des gemeinen Mannes vermischen sich in solchem Falle Nationalität und Religion mit einander; Polen wird dann das zur Schlachtbank geführte Lamm, der für die Menschheit Gekreuzigte u. s. w. Aus dieser Martyromanie erklärt es sich, dass Warschau und andere Städte Polens noch vor dem Ausbruch des bewaffneten Aufstandes Blut und zwar das Blut Waffenloser in ihren Strassen fliessen sahen. Der russische Soldat schiesst, auch wo es nicht nöthig ist, auf Wehrlose; die polnische Märtyrersucht lässt die Aufgeregten stolz dem Tode trotzen. Am 8. April, während die russischen Truppen in Abtheilungen vom Schlosse aus vorrückten und die fünf dort mündenden Strassen bestrichen, sah ich etwa zwanzig Schritt von den Karabinermündungen entfernt ein Weib auf den Knien vor der Bernhardinerkirche beten; eine Kugel traf sie in dieser Stellung, und noch des andern Tages waren die Blutflecken vor der Kirche zu sehen.

Am 27. Februar jedoch war das Militär noch nicht so erhitzt; der commandirende Offizier gerieth vielmehr beim Anblick des Blutes und der still harrenden Volksmenge in Verwirrung. Vielleicht hatte er, wie Gortschakow später behauptete, ohne Befehl gehandelt, vielleicht brachte der eben heransprengende Reiter den Gegenbefehl; genug beide Theile, die Bewaffneten, wie die Wehrlosen behaupteten das Feld. Die fünf Leichen wurden mit offenen Wunden durch die ehrfurchtsvoll grüssende Menge getragen und auch der Militärchef nahm seinen Helm ab. Man zog vor das englische und französische Consulats-Gebäude, zeigte den herausgerufenen Vertretern der Westmächte die gefallenen Opfer, und die Consuln fanden sich mit einigen Phrasen ab. Die Anrufung der Sympathien des Westens war nicht ohne Absicht; man wollte seine Stimme nicht blos vor Petersburg erheben, sondern auch vor Europa, denn europäischer Schein gilt in Petersburg mehr als Millionen von Unterthanen.

Das Volk aber fühlte sich von einer festen, wenn auch unsichtbaren Hand geleitet, und gewann Vertrauen zu sich und seiner Sache. Ein eigenthümliches frohes Bewusstsein bemächtigte sich der ganzen Einwohnerschaft Warschau's. Die Trauer um die fünf unschuldigen Opfer wurde von der freudigen Zuversicht verdrängt, dass dieses Blut die fest geschlossenen Schranken der Bureaukratie durchbrechen und der Stimme eines von der Willkür regierten Volkes den Weg zum Thron und Herzen des Kaisers bahnen würde. In dieser Zuversicht nahm das Volk von Warschau eine ruhe- und würdevolle Haltung an, die einer freien Nation zur Ehre gereichen würde, bei einer so lange geknechteten in Erstaunen setzen musste. Kein Volksauflauf, kein Geschrei störte fortan die Ruhe des Tages. Die Jugend, welche der Bewegung den Anstoss gegeben hatte, legte dieselbe jetzt willig in die Hände des reiferen Alters und der Intelligenz, wo sie eine bestimmtere Gestalt annehmen sollte.

Die natürlichen Wortführer des Landes waren in Ermangelung jeder andern Repräsentation die in der Bürgerressource zu geselligen Zwecken vereinigte angesehenere Bürgerschaft Warschau's und der landwirthschaftliche Verein, jene vertrat gewissermassen die Städte, dieser das flache Land; jene hatte zunächst die Sicherstellung des Lebens und der persönlichen Freiheit in der Residenz von der Regierung zu erwirken, so wie für die Aufrechterhaltung der Ruhe und der Ordnung Seitens der Bevölkerung zu sorgen, dieser sollte die Wünsche des Landes vermitteln; jene wählte, die augenblickliche Consternation der Regierung benutzend, einen Wohlfahrtsausschuss, die Bürgerdelegation genannt, dieser hatte in dem bereits bestehenden Comité des landwirthschaftlichen Vereins, an dessen Spitze der allgemein geachtete und wegen seiner Leutseligkeit beliebte Graf Andreas Zamoyski stand, seine Vertreter. Die trotz mancher Zwischenfälle während der ganzen Zeit ihres Bestehens erhaltene oder wiederhergestellte Harmonie zwischen diesen beiden Körperschaften gab dem vom Lande angenommenen Grundsatz der Gleichberechtigung aller Stände und Bekenntnisse sichtbare Gestalt.

Zwei Faktoren waren es fortan, die bis in den April 1862 unter den schwierigsten Verhältnissen und mannigfachsten Hindernissen das Volk leiteten, und in Erhaltung der Bewegung auf dem Boden der Gesetzlichkeit und Loyalität mit einander wetteiferten, das waren: die städtische Delegation, in welcher neben der Kaufmannschaft die Geistlichkeit, die Presse und der Handwerkerstand vertreten waren, und das Comité des landwirthschaftlichen Vereins, dessen Vorsitzender Graf Zamoyski sowohl in seinem persönlichen Wesen wie kraft seiner Stellung als erster Magnat des Landes überaus gemässigt und jeder gewaltsamen Umwälzung bis zum Augenblicke seiner Verbannung abgeneigt war. Der Kampf dieser beiden Faktoren um die Vergünstigung, das Volk auf die Bahn der Ordnung leiten zu dürfen, soll hier in möglichster Kürze geschildert werden, damit der Leser in den Stand gesetzt werde, die Haltung des Volkes und die der Regierung gegen einander abzuwägen, so wie den Rückschlag zu würdigen, den die Aufhebung dieser beiden provisorischen Volksvertretungen, welche im April plötzlich erfolgte, auf das Vertrauen des Landes zur Regierung üben musste.

Der landwirthschaftliche Verein war in diesem Jahre stärker als gewöhnlich versammelt gewesen und eifriger als sonst beschäftigt. Der Ernst der Zeit, die den Februarereignissen voranging und Alle mit der ungewissen Ahnung einer ereignissreichen Zukunft erfüllte, hatte auch den Adel erfasst und zur Besprechung der allzu lange hingehaltenen Bauernfrage gedrängt. Statt wie früher in den Vergnügungen der Saison sich zu zerstreuen und den Glanz des polnischen Residenzlebens erhöhen zu helfen, fand sich diesmal der Verein fast allabendlich in seinen Sektionssitzungen oder in den Plenarberathungen zusammen. Auf die dort in der Bauernfrage gefassten Beschlüsse werden wir bei einer passenderen Gelegenheit zurückkommen. Es war dieses Jahr das erste Mal, dass die Regierung, welche Nichts mehr fürchtete, als dass der landwirthschaftliche Verein den Schein einer legislativen Versammlung annehmen könnte, jene Frage zur Diskussion zuliess, und das überaus grosse Interesse aller Mitglieder an den betreffenden Berathungen liess sie die stets wachsende Volksbewegung kaum bemerken.

Während der oben beschriebenen Vorgänge des 25. Februar hielt der Verein unbehindert seine Sitzungen in dem sogenannten Statthalter-Palais, das von Militär umgeben war. Aber schon am 26. Februar fielen in der Sitzung ernste Aeusserungen über den traurigen rechtlosen Stand des Landes und über die Nothwendigkeit, bei dem Mangel jedes legalen Volksorgans eine Adresse an den Kaiser zu richten.

Eine Adresse, eine Kollektivpetition an den Kaiser ist in Russland ein ungesetzlicher Schritt, und die jetzt seit Monaten so eifrig betriebenen russischen Ergebenheitsadressen, die den intervenirenden Mächten zu imponiren bestimmt sind, dürften eher ein Anzeichen für die Lockerung der Autorität in Russland sein. Damals bemühte sich Graf Zamoyski vergebens beim Statthalter um die Erlaubniss, in Rücksicht auf die Ausnahmezustände des Landes vom Gesetze Umgang nehmen zu dürfen. Aber selbst diese Weigerung bestimmte den Adel des Landes noch nicht, aus seiner reservirten Stellung herauszutreten und an den demonstrativen Hülferufen des Volkes irgend einen Antheil zu nehmen. Wieder hielt er am 27. Februar seine Sitzungen in der Krakauer Vorstadt, während fast vor seinen Thüren die Reibungen zwischen Militär und Volk die bekannte blutige Wendung nahmen. Erst als ein verwundetes Vereinsmitglied mit lautem Geschrei in den Sitzungssaal stürzte, ging die Versammlung auseinander.

Graf Zamoyski und der Vice-Präses des landwirthschaftlichen Vereins, Graf Ostrowski, eilten zum Statthalter, schilderten in eindringlichen Worten die Aufregung der Stadt und baten im Interesse der Ruhe und der Ordnung um die Erlaubniss zur Adresse. Der Fürst-Statthalter versprach, eine strenge Untersuchung anzuordnen, und die an dem Blutvergiessen schuldigen Personen, wer sie auch wären, zu bestrafen, doch möchte man nicht Unmögliches von ihm verlangen. Dieses Unmögliche war die Annahme einer Adresse an den Kaiser, sowie die Zurückziehung der Truppen aus den Strassen, welche die Vertreter des Adels als das geeignetste Mittel zur Beruhigung des Volkes vorgeschlagen hatten.

Inzwischen wuchs die Aufregung immer höher, die Zeichen der Trauer an den Kleidern vermehrten sich; Militär und Volk standen einander gegenüber, und trotz der grossen Selbstbeherrschung, welche letzteres in dem richtigen Gefühle sich auferlegte, dass es einzig und allein durch seine Ruhe und Würde der Regierung imponiren könnte, waren dennoch neue Reibungen jeden Augenblick zu befürchten, so lange die Soldaten noch die Strassen besetzten. Die Vorstädte bereiteten sich schon zu einem Kampfe für den folgenden Tag vor. Da beschloss noch am späten Abend die in der kaufmännischen Ressource durch Acclamation erwählte städtische Delegation einen neuen Versuch, die bureaukratische Schlachtlinie des Statthalters und seiner Rathgeber zu durchbrechen. Die Beredsamkeit und Energie der städtischen Bürger erreichten endlich das Unmögliche. Der alte Fürst soll später noch öfter seine Verwunderung über die Volksvormünder ohne Epauletten und Beamtentressen geäussert haben. Schlenker, sagte er, ein Kaufmann, hat einen Laden und spricht wie — Cavour; Hiszpanski, ein spanischer Schuster, redet so energisch wie — Muchanow!

In der That zeigte der Statthalter eine Nachgiebigkeit, die ihm die russische Militärpartei nie wieder verzieh; er gewährte Alles, was von ihm gefordert wurde: Oberpolizeimeister Trepow sollte entlassen, Militär und Polizei zurückgezogen, feierliche Beerdigung der fünf Gefallenen gestattet und die Sicherheit der Stadt der städtischen Delegation anvertraut werden.

Wäre in diesem „schwachen Augenblicke" der Regierung die Entlassung Muchanow's verlangt worden, sie wäre, obgleich derselbe gegenwärtig war, wahrscheinlich erfolgt, und der wohlmeinende, aber schwache Fürst wäre der falschen Stütze beraubt worden, die ihn auf dem gefährlichen Wege der Aufreizung nach unten und der falschen Darstellungen nach oben hin weiter führte.

Wir werden im weiteren Verlaufe unserer Erzählung noch das Unheil kennen lernen, welches Muchanow bis zum Augenblicke seines Sturzes über das Land brachte oder zu bringen beabsichtigte. Die Kluft, die er zwischen Volk und Regierung in dem Augenblick eröffnete, als ersteres vertrauensvoll nach Petersburg blickte, hat sich nie wieder geschlossen; der Weg, den er eingeschlagen, ist von seinen späteren Nachfolgern nie wieder ganz verlassen worden, und so erweiterte sich jene Kluft immer mehr und verschlingt jetzt so viele Leben und Lebensgüter. Als mir ein Augenzeuge die Verhandlung der Bürger-Delegation mit dem Fürsten Gortschakow mittheilte, fragte ich ihn: „Warum habt Ihr die Entlassung des Mannes nicht gefordert, der den traurigen Zustand Eures Landes durch Niederhaltung des Geistes herbeigeführt, der jede Verbesserung auf dem Wege der Gesetzgebung zurückgehalten hat?" — „So weit wollten wir nicht gehen, war die Antwort, wir hätten durch ein solches Verlangen den Statthalter und mittelbar den Kaiser verletzt." — „Nun denn, sagte ich, die Saat des Misstrauens wird weiter ausgestreut werden zwischen Euch und Eurem Monarchen."

Doch die Bürger-Delegation war von den Zugeständnissen des Statthalters vollkommen befriedigt, und ebenso die bis 11 Uhr Nachts in Spannung harrende Bürgerschaft und Jugend, die ihre Vertreter mit Jubel empfingen. Noch in der Nacht wurde in allen Gegenden der Stadt und der Vorstädte die Kunde von der dem Volke gewährten Genugthuung verbreitet und vor jeder Ruhestörung nachdrücklichst gewarnt. Die akademische Jugend, welche den Polizeidienst einstweilen übernahm, wurde in den Versammlungslocalen des Proletariats als „polnische Polizei" begrüsst und ihren Befehlen willig Gehorsam geleistet.

Es war Mitternacht, als Fürst Gortschakow noch einmal die Vorsteher des landwirthschaftlichen Vereins empfing und auf deren wiederholte Vorstellungen seine Vermittelung zur Absendung einer Volksadresse an den Kaiser zusagte. Der Weg zum Thron war schwer erkämpft, und der günstige Moment musste schnell benutzt werden. Dem landwirthschaftlichen Verein lagen zwei Adressen zur Berathung vor. Die eine war von Wielopolski verfasst und forderte die Rückkehr zur Verfassung von 1815.

Die andere, deren Urheber Sawiski war, sprach mit ergreifender Wärme von der Trauer eines Volkes, dessen nationale Gefühle durch Missachtung täglich verletzt würden, von der üblen Lage eines Landes, das in Ermangelung jeder gesetzlichen Vertretung sich durch Blut den Weg zum Herrscher bahnen musste. Jedoch diese Adresse forderte nichts Bestimmtes, sondern deutete die Wünsche des Volkes nur höchst allgemein durch die vage Aeusserung an: „das polnische Land, welches einst mit seinen westlichen Nachbarn auf gleicher Höhe der Civilisation gestanden, würde weder geistig noch materiell sich entwickeln können, so lange nicht sein Kirchen- und Unterrichtswesen, seine Gesetzgebung und seine ganze sociale Organisation dem Geiste der Nation und ihrer historischen Ueberlieferungen entsprechen würden."

Genau betrachtet, konnte die Adresse ebenso gut die Rückkehr zur polnischen Adels- und Klerusherrschaft, wie die Einführung der, den heutigen Verhältnissen ebenso wenig genügenden Constitution vom 3. Mai 1791 gemeint haben; auch war sie elastisch genug, um auch auf die Verfassung von 1815, ja selbst auf das todtgeborene organische Statut von 1831 bezogen werden zu können.

Gleichwohl wurde diese zweite Adresse in der Versammlung des landwirthschaftlichen Vereins fast einstimmig angenommen. Nicht blos dass sie dem patriotischen Gefühl einen innigern Ausdruck gab, als die von Wielopolski vorgeschlagene, so passte ihre Unbestimmtheit ganz zu der damaligen Stimmung des Adels, der noch immer den Charakter der Bewegung und die Richtung derselben nicht kannte und mit der Forderung der Verfassung vom Jahre 1815 ein bedenkliches Präjudiz auszusprechen fürchtete, indem er den nationalen Wünschen ein bestimmtes Ziel setzte. Darin aber sind die Magnaten Polens mit den englischen Lords zu vergleichen, dass sie sich die Volksführerschaft erhalten, indem sie den einmal als unabweisbar erkannten Volkswünschen das Wort reden. Endlich hatte die unbestimmte Haltung der zweiten Adresse noch den Vorzug, dass sie der freien Entschliessung des Kaisers in nichts vorgriff und so auch hierin das unbedingte Vertrauen zum Monarchen abspiegelte, welches von dem ersten Augenblicke der Unterhandlungen mit dem Statthalter bis zum Eintreffen der kaiserlichen Antwort mit Ostentation zur Schau getragen wurde. Alle diese Erwägungen waren jedoch mehr intuitiv von der allgemein gefühlten Bedeutung des Augenblicks eingegeben, ohne ein Ergebniss reiflicher Berathung zu sein. Die Zeit drängte, lange Discussionen konnten leicht den geeigneten Moment versäumen lassen, und wer mochte dafür bürgen, dass nicht irgend ein Vorfall dem übel berathenen Statthalter einen Vorwand geben konnte, um die Erlaubniss zur Adresse wieder rückgängig zu machen?

So wurde denn schon am frühen Morgen des 28. Februar dem Statthalter die Adresse überreicht, mit den Unterschriften der angesehensten Namen des Landes bedeckt, an ihrer Spitze die geistlichen Häupter aller in Polen vorhandenen Bekenntnisse mit Ausnahme des griechisch-katholischen.

In den nächstfolgenden Tagen wurde die Adresse auf öffentlichen Plätzen verlesen und unterschrieben, so wie in die Provinz unter der Aegide des landwirthschaftlichen Vereins zu demselben Zwecke versendet.

Inzwischen beschäftigte sich die Bürger-Delegation im Verein mit dem hierzu erwählten Beerdigungs-Comité mit den Anordnungen zur feierlichen Beerdigung der fünf Gefallenen des 27. Februar, welche den Beweis liefern sollte, dass nicht brutale Gewalt die Wächterin der Ordnung ist, sondern die aus Achtung vor dem Gesetze entspringende Selbstbezähmung des Volkes.

Dieselben Strassen Warschau's, in denen noch bis vor wenigen Tagen eine roh lärmende Polizei kaum den gewöhnlichen Tagesverkehr zu beherrschen vermochte, wenn sie ihrem Befehle nicht handgreiflichen Nachdruck gab, sahen vom frühen Morgen des 2. März Tausende und aber Tausende in feierlicher Würde nach der Krakauer Vorstadt zur Kreuzkirche hinströmen, wo am Abend vorher die fünf Särge beigesetzt worden waren, nachdem sie bis dahin in einem dem Publikum zugänglichen Lokale ausgestellt gewesen. Die Polizei war zurückgezogen, nur der provisorische Oberpolizeimeister, General Paulucci, der in diesen Tagen die Rolle eines Lafayette nicht schlecht spielte, erschien vor der Kirche, um den Zug zu Pferde anzuführen. Um 10 Uhr öffnete sich das Portal, und heraus traten der Erzbischof und die Bischöfe, ihnen folgten unter lautloser Stille des sich drängenden Volkes fünf schwarze, mit weissen Nägeln, welche die Namen der Gefallenen anzeigten, ausgeschlagene, mit Dornenkrone und Palmzweigen geschmückte Särge, getragen von den im Programm hierzu bestimmten Vertretern der verschiedenen Stände.

Vorher schon hatten weithin in unabsehbarer Reihe die Gewerke mit ihren Fahnen, die wohlthätigen Institute und die Unterrichtsanstalten sich aufgestellt und setzten in demselben Augenblicke sich in Bewegung, als das Glockengeläute der trauerfestlich geschmückten Stadt den Aufbruch des Leichenzuges verkündete.

Unmittelbar vor den Leichenträgern gingen die Spitzen der katholischen Geistlichkeit und die Generalsuperintendenten und Prediger der beiden reformirten Kulte; die jüdischen Rabbinen folgten nach ihrem Brauch den Bahren mit bedecktem Haupte, von Mitgliedern des Beerdigungs-Comité geleitet.

In breiten, festgeschlossenen Ketten, welche die Strassenmitten ausfüllten, folgten die Mitglieder des landwirthschaftlichen Vereins, die einzigen Vertreter des Landes. Auf den Trottoirs und Plätzen längs den Strassen, die der Zug passirte, standen Kopf an Kopf gedrängt, mit Trauerzeichen an Hut und Arm, die Einwohner Warschau's und die aus der Umgegend Herbeigeeilten jeglichen Standes, Geschlechtes und Bekenntnisses, von denen die vorderste Reihe behufs Erhaltung der Ordnung undurchbrechliche Ketten bildete oder vor dem Andrang der Nachrückenden den Abzug in die einmündenden Strassen anführte, je nach den Anordnungen der Delegirten des Beerdigungs-Comité und der unter ihrem Befehle stehenden, mit weissen Binden an dem Arm bezeichneten Bürger, welche von der akademischen und höheren Schuljugend unterstützt wurden.

So bewegte sich der Zug ohne jede Störung oft in engen Strassen zwischen den mit schwarzen oder schwarzweissen Teppichen behangenen Häusern, hinter deren festgeschlossenen Fenstern in tiefe Trauer gehüllte Frauengestalten zu erblicken waren.

Der Charakter der Stadt mit ihren sonst streng markirten socialen Abstufungen schien unter dem überwältigenden Eindruck des eigenthümlichen Trauerfestes, welches zugleich ein Siegesfest war, ganz umgewandelt.

Wo waren heut die hochschultrigen stolzen aristokratischen Gestalten, die in ihren funkelnden Karossen über die Schultern des fussgängerischen Pöbels verächtlich hinweg zu blicken pflegten? Sie fassten heute einen Arbeiter unter den Arm, um mit ihm zusammen den Andrang der Massen zu beherrschen.

Wo waren heut die Proletarier mit den drohenden trunkenen Gesichtern, die den durch Tracht und Physiognomie sich abzeichnenden Juden angrinsten? wo die rohen Fäuste, welche sonst bei öffentlichen Anlässen auf dem krummen Rücken der Söhne des Ostens sich belustigten, so diese unter die Menge sich wagten? Sie fassten heut ein unter die Massen gerathenes Judenkind, um es unter sanften Reden in Sicherheit zu bringen. Man wetteiferte heute in Artigkeiten gegen die „alttestamentlichen Brüder", als wollte man den Bedrückten das bisherige Unrecht versüssen.

Und die Herren von der Presse, welche das deutsche „Hep, Hep" so geschickt in's Polnische zu übertragen gewusst? Sie führten mit proselytischem Uebereifer beständig die „Verbrüderung" im Munde und thaten Busse und bestreuten ihr Haupt mit der Asche öffentlicher Demüthigung.

Fehlte es auch für den nüchternen Beobachter der Feier nicht an manchen Zügen theatralischer Gemachtheit, so schienen doch thatsächlich unter dem klaren wärmenden Märzhimmel beim Anblick der fünf hochgetragenen Särge alle Dissonanzen des socialen Lebens immer mehr echter, von Würde getragener Harmonie zu weichen. Die in Fluss gebrachten Massen aber verschmolzen sich vollständig und rissen selbst die Widerstrebendsten mit sich fort, als — zum ersten Male wohl in Polens Geschichte — an dem offenen Grabe der fünf Gefallenen die Geistlichen aller Confessionen in ihren Ornaten der Einsenkung der Leichen assistirten und den Todtengruss ihnen ein Jeder nach seiner Weise in die Gruft nachsandten.

Einer der talentvollsten Geschichtsmaler Polens fasste in richtiger Würdigung der Vorgänge den Plan, diesen Augenblick, als den sprechendsten Ausdruck der confessionellen Aussöhnung, durch ein grosses Bild zu verewigen, an dessen Vollendung und Veröffentlichung die später eingetretenen Wirren ihn bisher verhindert haben.

Wahrlich, nicht blos das Individuum, auch Nationen haben Momente in ihrem geschichtlichen Leben, welche, unscheinbar an und für sich, die Grenzmarken bilden für eine plötzliche Umgestaltung ihres ganzen inneren Wesens, für eine Läuterung ihrer bisherigen Anschauungs- und Denkweise. Je nach dem mehr oder weniger sanguinischen Charakter des Individuums oder des Volkes werden die Anlässe zu einer derartigen innern Umwälzung schwächerer oder gewaltsamerer Natur sein müssen; die Nachhaltigkeit solch sittlicher Erhebung hängt dann von der Gunst der Ereignisse ab, welche in schneller Aufeinanderfolge zusammentreffen müssen, um der plötzlich aufgegangenen Seelenstimmung wesenhafte und lebensfähige Gestaltung zu geben. Ganz wirkungslos aber bleiben Feiermomente dieser Art niemals: es geht in der Oekonomie der Geschichte ebenso wenig Etwas verloren, wie in der der Natur.

Für die inspirative Erkenntniss von der Gleichberechtigung aller Stände und Bekenntnisse im Staate war die Beerdigungsfeier des 2. März 1861 der erweckende Moment zunächst in Warschau, und von da aus ergoss sich diese Wahrheit in alle polnischen Landestheile. Dies war der sittliche Ertrag der politischen Demonstration jenes Tages, welche der Regierung durch die Einmüthigkeit und würdevolle Ruhe des Volkes zu imponiren bestimmt war.

Am 9. März, der Octave des Beerdigungstages, begannen die Trauergottesdienste für die Gefallenen in Warschau und fanden im ganzen Lande Nachahmung. Die Gotteshäuser der vier Confessionen, der katholischen, der beiden reformirten und der israelitischen, wetteiferten mit einander in der Ausstattung dieser Trauerfeierlichkeiten, bei denen Eintracht, Ruhe und Ordnung die Parole durch das ganze Land waren.

Für den Psychologen und Moralisten mochte es von demüthigendem Interesse sein, an so mancher Stätte Liebe und Toleranz predigen zu hören, die noch kurz vorher von polterndem Glaubenshass wiederhallte; Diejenigen „Brüder" nennen zu hören, die derselbe Mund eben noch als Feinde verflucht hatte. Aber die Kirche allein war es, welche die Vereinigung der Bekenntnisse vollziehen konnte und musste, weil sie, wie wir oben bereits bemerkt, das einzige öffentliche Organ des Volkes war.

Was die Nation zur Bekräftigung der Verbrüderung vorerst noch ihrerseits hinzufügen konnte, war nur wenig: sie hob die Schranken auf, welche das alte Zunftwesen in Gewerbe und Handel bisher starr aufrecht erhalten hatte. Erst einige Monate später, als sie zu den Wahlen für die Stadt- und Kreisräthe schritt, da gab sie dem Grundsatz der Unabhängigkeit bürgerlicher Rechte vom Bekenntnisse, der im Wahlgesetz ausgesprochen war, einen eklatanten, bisweilen aber auch überspannten Ausdruck. Es kam nicht selten in den Wahlen vor, dass man auf die höhere Befähigung zu Gunsten des abweichenden Bekenntnisses verzichtete.

In dem ersten Rausche der Bewegung jedoch, und so lange gar keine gesetzliche Vertretung der Volksinteressen gegeben war, mussten Worte und prunkhafte, oft der innern Wahrheit entbehrende, Demonstrationen die Verbrüderung proklamiren, und dazu bedurfte man der Kanzel und der Kirchen aller Confessionen, welche zugleich verschiedene, oder wenigstens noch nicht ganz verschmolzene Nationalitäten resp. Stände repräsentirten.

Nur an einer Bevölkerungsklasse gingen alle diese Erschütterungen spurlos vorüber, scheiterten alle Erweckungsversuche. Das war der Bauernstand. Durch Knechtung und rohe Sinnlichkeit in thierischem Stumpfsinn und störrigem Misstrauen seit Jahrhunderten erhalten, betrachtete er alle Vorgänge im Lande wie Etwas, das ihn nicht anginge; er konnte den Gedanken, und wenn er ihm durch die Geistlichkeit und die das Land bereisenden jugendlichen Agitatoren auch noch so nahe gelegt wurde, nicht fassen, dass auch er ein Glied in der Kette des Staatsverbandes wäre. Ja sogar, es zeigten sich gleich zu Anfang der Bewegung in manchen Gegenden des Landes unter den Bauern Spuren einer bedenklichen Stimmung gegen die Gutsherren, welche, wie wir im nächstfolgenden Abschnitte sehen werden, der schlaue Muchanow für seine Pläne zu benutzen bald Anstalt machte. Ehe wir jedoch den gegenwärtigen Abschnitt schliessen, müssen wir, um einer vielverbreiteten Anschauung entgegenzutreten, den Stimmungen und Wünschen noch eine Besprechung widmen, welche sich in jenen Tagen des Wiedererwachens im polnischen Volke regten. Für die Geschichte ist die Erwägung nicht gleichgültig, wodurch eine ursprünglich friedliche Bewegung einen stets heftigern Charakter annahm, bis sie zuletzt in verzweifelten Widerstand überging. An gewissen Zeitgränzen angelangt, liegt's vielmehr dem Erzähler ob, nachträglich zu prüfen, welche Mittel hätten angewendet werden können, um traurigen Katastrophen zuvorzukommen. Eine solche Prüfung wollen wir auch hier anzustellen versuchen.

Die anfängliche Haltung der Polen, ihre Selbstbeherrschung, die Ordnung, die sie unter sich selbst erhielten, die Einigung, die sie als geschlossene Phalanx erscheinen liess und ihr vertrauensvoller Aufblick zum Throne machten seiner Zeit einen überraschenden Eindruck auf ganz Europa und erweckten diejenige Achtung, welche die nothwendigste Vorbedingung jeder Sympathie ist. Allmählich jedoch verlor sich dieser

erste Eindruck in dem Masse, als einerseits die anfängliche
Ruhe lebhaften und leidenschaftlichen Volksdemonstrationen
wich, und andererseits dem Anscheine nach die russische
Regierung mit Concessionen hervortrat, welche wenigstens
eine Partei der Mässigung und des langsamen Fortschrittes
zu bilden hätten geeignet sein müssen.

So oft ich mit Ausländern und insbesondere mit Deutschen über die polnischen Zustände zu sprechen Veranlassung
hatte, fand ich, dass die dem Aufstande vorangegangenen
Wirren in Polen auf sie den Eindruck machten, als ob das
polnische Volk im Congressreiche durch keinerlei Concessionen zu befriedigen gewesen wäre, als ob vielmehr jede Concession dazu benutzt worden wäre, um durch Hervorkehrung
ihrer negativen Seite die Unzufriedenheit zu steigern.

Obwohl es nun in der Gemüthsverfassung derjenigen
Nationen, die einer natürlichen Entwicklung sich erfreuen,
begründet sein mag, dass sie an die berechtigten Wünsche
unterdrückter Völker einen kleineren Massstab, als an ihre
eigenen anlegen und dass sie daher mit ihrem beständig vergleichenden, auf das zunächst Erreichbare gerichteten Blicke
jede kleine Verbesserung, die einem lange geknechteten
Volk zu Theil wird, weit höher zu schätzen pflegen, als das
Volk selbst sie im Vergleich zu seinem Bedürfnisse aufnehmen kann, so lässt sich doch daraus allein noch nicht die
Erscheinung erklären, dass bis zum Ausbruch des Aufstandes,
der das Russenthum in seiner wahren Gestalt zeigte, fast die
ganze deutsche Presse für die wohlwollenden Absichten und
die reformatorischen Bestrebungen der Regierung Partei
nahm, während die Demonstrationen der Polen mit ihren
Kirchengesängen und Wallfahrten nur allenfalls in klerikalen
Kreisen Sympathien zu erwecken vermochten.

In der That, wer dem Schauplatz der Ereignisse nicht
näher stand, dem kam das polnische Volk vom März bis

zum Oktober 1861, d. i. bis zur Verhängung des Kriegszustandes, und wiederum von der Ankunft des Grossfürsten Konstantin mit Wielopolski in Warschau bis zur Ausführung des furchtbaren Rekrutirungsgesetzes, wie eine Schaar undankbarer Ruhestörer vor, welche der Regierung nicht Zeit und Ruhe lassen mochten, ihre Reformen ins Leben zu führen. Es dürfte demnach im Interesse der Wahrheit nicht ohne Nutzen für die Geschichte der polnischen Bewegung sein, die Stimmung kennen zu lernen, mit welcher das Volk in sie eintrat, so wie die Wünsche, die es in der Adresse mit dem blassen Worte **Veränderungen** bezeichnet hatte.

Dachte Polen bei Beginn der plötzlich aus der Erde hervortauchenden Bewegung im Februar 1861 an einen bewaffneten Aufstand behufs Losreissung des Königreichs vom russischen Scepter?

Allerdings gab es zu keiner Zeit in Polen eine den Namen einer polnischen verdienende Partei, welche nicht bereit gewesen wäre, für die Befreiung ihres Vaterlandes von russischer Abhängigkeit Leben und Gut zu opfern, wenn der Erhebung von vorn herein der Erfolg gesichert wäre. Da aber kein Aufstand für den Ausgang bürgen kann, so ist ein solcher stets nur das Werk hoffnungsloser Verzweiflung und kann erst dann ein ganzes Volk erfassen, wenn der letzte Funke von Vertrauen der Regierten zu den Regierenden erloschen ist. Im Februar 1861 jedoch war das persönliche Vertrauen des Königreichs zum Kaiser grösser denn bisher, und die Hoffnung wurde allgemein gehegt, dass derselbe durch die Warschauer Vorgänge aus der Täuschung werde gerissen werden, in die ihn die schmeichelnden Berichte seiner Vertreter von der Glückseligkeit aller Völker unter seinem milden Scepter einzuwiegen suchten und noch suchen.

Wohl dachte dieselbe Partei, die endlich im Januar 1863 das Volk zu den Waffen rief, um bald darauf den Aufstand in die Hände der grossen Mittelpartei des Landes zu legen, an die Organisation einer bewaffneten Erhebung unmittelbar nach und selbst schon vor den Warschauer Strassenvorgängen vom 27. Februar 1861. Es war dies die Partei des Mannes, der nur gerade das genügende Mass von Talent und auch von Sorglosigkeit zu besitzen scheint, welches dazu gehört, um eine Verschwörung im Geheimen vorzubereiten und sie bis zum offenen Ausbruch zu führen, der aber dann in der Regel durch dieselbe Sorglosigkeit sein eigenes Werk zerstört, wenn es ihm nicht rechtzeitig aus den Händen genommen wird: es war dies die Partei Microslawski's, welcher als Haupturheber der oben beschriebenen Organisation der akademischen Jugend und ihrer Verbindung mit dem Handwerkerstande, so wie der daraus hervorgegangenen geistigen Erweckung des Volkes anzusehen ist.

Aber wenn schon der Name Microslawski's im Adel Polens keinen guten Klang hatte, so waren die wenig zahlreichen Anhänger und Vertreter seiner Pläne in Polen noch weniger geeignet, ihm Sympathieen zu erwerben. Die jungen unerfahrenen Zöglinge der Kunstschule waren unter einigen exaltirten Führern fast die einzigen Propagatoren der Microslawskischen Ideen und sie verbreiteten schon im März 1861 den Wortlaut eines Schutz- und Trutzbündnisses, welches noch vor den polnischen Februar-Ereignissen angeblich zwischen Microslawski und Garibaldi abgeschlossen sein sollte. Ein Nachtrag zu diesem in Paris gedruckten Schriftstück enthält noch in wenigen Zeilen den Hinweis auf die Warschauer Vorgänge. Die Echtheit dieses extravaganten Aktenstückes, das meines Wissens bisher noch nicht in die Oeffentlichkeit gedrungen ist, lasse ich als für die Sache selbst gleichgültig dahingestellt; sicherlich aber konnte Microslawski nicht schlechter empfohlen werden, als durch diese ins Land gesandte Publication, welche ausser ihrer Abenteuerlichkeit noch die völlige Unkenntniss der heimischen Verhältnisse aufs krasseste bloslegte.

Kaum hatten das Comité des landwirthschaftlichen Vereins und die städtische Delegation von jenen zur Zeit an Wahnsinn grenzenden Aufstandsversuchen Kunde erhalten, als sie Alles anwandten, um die in Polen so überaus leicht entzündlichen Massen vor Verderben zu schützen, und die Unterstützung des umsichtigen Theils der Bevölkerung ging ihnen hierin zur Seite. Nur das bald unkluge, bald unehrliche Verfahren der Regierung erschwerte ihnen, wie wir sehen werden, das Werk der Beruhigung, trug ihnen den Vorwurf der Lauheit für die Landesinteressen bei der ungestümen Jugend ein und brachte diese zu dem gefahrvollen Entschluss, auf eigene Faust zu handeln, d. h. dem Aufstande zuzusteuern. Denn vom Anfange der Bewegung an machte sich die Thätigkeit der *agents provocateurs* bemerklich, welche, wenn auch nicht geradezu den Aufstand, aber doch Unordnungen zu provoziren bestrebt waren. Diese Agenten sind nicht immer als Diener der eigentlichen Regierung zu betrachten, sondern waren von derjenigen Koterie in derselben ausgesendet, die jedem Fortschritt Hindernisse entgegenzusetzen sich zur Pflicht machte. Der äusserste Radicalismus und die äusserste Reaction gingen somit eine Zeit lang Hand in Hand, und es war oft schwer zu unterscheiden, wer der Verführer und wer der Verführte war. Unter die Menge, die am 28. Februar auf dem sächsischen Platze sich zur Unterschrift der Adresse drängte, mischten sich Individuen, welche geladene Revolver feil boten. Vom Volke ergriffen und vor die städtische Delegation gebracht, erwiesen sie sich als Leute von verdächtiger Nationalität; es waren meist entlassene russische Officiere, von denen nach dem Krimkriege sehr viele ohne nachweisbaren Erwerb geblieben waren.

An dem Tage der feierlichen Beerdigung der fünf Gefallenen war an allen Strasseneckeneine Proklamation zu lesen, welche die wenigen Worte enthielt: „Wir unterzeichnete Delegirte der Stadt Warschau machen bekannt, dass Jeder, der mit der Waffe in der Hand erblickt werden sollte, als Landesverräther betrachtet werden wird." Das Volk bewies seinen festen Entschluss, die Ruhe zu erhalten, indem es an jenem Tage selbst Stöcke zu tragen sich versagte.

Das war die Stimmung des polnischen Volkes zu Anfang des Jahres 1861. Wohin aber gingen seine damaligen Wünsche? Dachte man zur Zeit trotz der friedliebenden Stimmung, trotz aller Selbstbeschränkung an die Vereinigung des Congressreiches mit Lithauen und Reussen und waren etwa dies die in der Adresse gewünschten Veränderungen, wie sie jetzt die Losung des Aufstandes sind?

Allerdings ist die Wiedervereinigung des Königreichs mit den sogenannten westlichen Gubernien Russlands ein Wunsch, der je nach der grösseren oder geringeren Bedrängniss des Augenblicks bald lebhafter bald weniger lebhaft im Volke empfunden wurde und nie ganz aus seinem Herzen geschwunden war. Alexander I. hat bekanntlich nach dem Frieden von 1815 dem Verlangen nach Vereinigung aller dem russischen Scepter angehörigen polnischen Landestheile eine Zeit lang selbst Nahrung gegeben und ist dafür mit demselben Liede: „Boze cos Polske" gefeiert worden, welches in der Gegenwart mit einigen Aenderungen die Klagen des Volkes auszudrücken erwählt worden ist. Aber es kann nachgewiesen werden, dass die Forderung einer sofortigen praktischen Verwirklichung dieser Wünsche bei Beginn der Bewegung durchaus nicht zu Tage trat.

In der Warschauer Bürgerressource waren vom Februar bis April allabendliche Versammlungen, die den Charakter von Clubs trugen und in denen die Redefreiheit ganz unbewacht war. Man vergesse nicht, es waren dies die Tage des ersten Erwachens und der vollen Begeisterung, und den sanguinischen Polen schien es, als ob eine Reaktion für immer unmöglich wäre. Und dennoch kann ich mich nicht entsinnen, dass in allen jenen bisweilen sehr überschwenglichen Reden jemals die oben genannten nationalen Wünsche ausgesprochen worden wären.

Ein zweiter Ort, an welchem jene Wünsche auftreten konnten, wäre die Presse gewesen. Im Königreich Polen selbst zwar kann die Presse, da sie unter Censur steht, derartige Gegenstände nicht berühren, und eben dieser Umstand ist ein Haupthebel des Aufstandes geworden. Dagegen kann man füglich die Korrespondenzen aus Polen in dem in Krakau erscheinenden „Czas" als den unmittelbarsten Reflex der von den jedesmaligen Ereignissen veranlassten, durch die Reflexion noch nicht geklärten Stimmungen in der Residenz des polnischen Volkes betrachten und daraus die gelegentlichen Extravaganzen dieses Blattes erklären. In seinen Warschauer Berichten aus dem Anfange der Bewegung herrscht jedoch eine Mässigung, die, wie die Dinge sich nachträglich gestaltet haben, in einem polnischen Blatte unbegreiflich erscheinen müsste. Nicht bloss, dass in jenen Korrespondenzen selbst missliebige Massregeln der Regierung mit der Nothwendigkeit, ihre erschütterte Autorität wiederherzustellen, entschuldigt werden; es wird beständig mit voller Zuversicht von dem Kaiser daejenige erwartet, was dem Volke Noth thue; von den Vereinigungswünschen aber ist keine Spur zu finden. Ebenso wenig wies bis zum August 1861 irgend eine Volksdemonstration auf diese Wünsche der Polen hin.

Was also verlangte das Königreich in dem Augenblicke, als es an seinen Kaiser sich wandte, und womit wäre es insoweit zufrieden zu stellen gewesen, dass es sich hätte entschliessen können, gleich vielen anderen Völkern die Verwirklichung seiner nationalen Wünsche der Zeit und der ruhigen Entwicklung zu überlassen, anstatt, wie jetzt, Alles auf eine Karte zu setzen?

Die Polen des Königreiches verlangten ihre Nationalität wieder, sie wollten das Recht besitzen, sich Polen nennen, ihre polnischen Erinnerungen bewahren, auf polnisch-nationalem Boden in nationalem Geiste ihre Jugend bilden, mit einem Worte: unter gesetzlichem Zustande als Nation leben zu dürfen, die zu der russischen in keinem anderen als in dem äusserlichen Verhältniss der Personalunion stände. Eine konkretere Gestalt hatte dieses Verlangen in den ersten Monaten der Bewegung noch nicht, und von der russischen Regierung hing es ab, ihm Gestalt und Befriedigung zugleich zu geben; es gab, wie wir in unserer Einleitung bemerkt, ein gewisses geistiges Etwas (die russischen Offiziere nannten es ihren Soldaten, die da fragten, wo denn die Revolution wäre, zu deren Bekämpfung sie nach Warschau befehligt worden wären, sehr bezeichnend eine „moralische Revolution"); es war ein geistiges Fluidum, das die Regierung zu leiten und nicht zu unterdrücken hätte unternehmen sollen.

So oft sie einen kleinen Anlauf dazu nahm, herrschte unbeschreiblicher Jubel im Lande. Um dies an Thatsachen darzulegen, müssen wir hier etwas vorgreifen und die wenigen Momente vorwegnehmen, in denen es den Anschein hatte, als wollte die Regierung mit Ernst und Aufrichtigkeit den einzigen heilsamen Weg einschlagen. Ende März erfolgte die Wiedererrichtung des Ministeriums für Cultus und Unterricht in Warschau, und die polnische Volksbildung sollte also von nun ab nicht mehr von den Intentionen des Petersburger Ministeriums für öffentliche Aufklärung abhängig sein. Dieses so wie Wielopolski's Eintritt in das neu geschaffene Amt wurde als der erste Schritt zu einer nationalen Regierung mit lauter Freude begrüsst, obwohl die Persönlichkeit Wielopolski's nichts weniger als volksbeliebt war, und unter Anderem sein Process wegen Vorenthaltung der Swidzinskischen Bibliothek noch nicht vergessen sein konnte.

Als nach Verkündigung der Concessionen, welche durch ihre Engbrüstigkeit dem nationalen Leben gar keine gesetzliche Bürgschaft boten, das Volk in grosser Aufregung sich befand, erliess der Statthalter Gortschakow auf Verwendung angesehener Bürger den 2. April einen Aufruf, welcher ausser der seit dreissig Jahren verbannt gewesenen Anrede: „Polen!" auch noch die Worte enthielt: „Die von Sr. Majestät dem Kaiser und Könige dem Königreich Polen allergnädigst verliehenen Institutionen sind eine Bürgschaft für das Interesse Eures Landes, für die theuersten Interessen Eurer Herzen, für Eure Religion und Eure Nationalität." — Nur ein Augenzeuge kann eine Vorstellung haben von der freudigen Stimmung, welche diese wenigen Worte hervorriefen. Der Statthalter hatte also sich, den Russen, von der polnischen Nation geschieden, hatte eine polnische Nationalität anerkannt, — das wurde als der Anfang einer neuen Aera für Polens nationales Leben unter russischem Scepter begrüsst, und in den Augen so manches greisen Polen sah man die Thräne der Freude glänzen über dieses Erlebniss.

Sechs Tage darauf vernichtete derselbe Statthalter diese freudige Stimmung und die auf die Regierung gesetzten Hoffnungen; in den Strassen Warschau's floss wiederum Blut.

Das Blut des 27. Februar sollte seine Stimme zum Kaiserthron erheben und erweckte darum Vertrauen und ruhige abwartende Zuversicht in den Herzen der Bevölkerung. Die Opfer des 8. April nahmen jenes Vertrauen mit in das unsichtbare Grab, das ihnen Soldatenhände in einem entlegenen Winkel der Citadelle gruben.

Diesen für die ganze Folge der Begebenheiten entscheidenden, mit dem 8. April abschliessenden kurzen Zeitraum wollen wir in einem besonderen Abschnitte besprechen.

Vierter Abschnitt.

Falsche Auffassung der Bewegung in den Regierungskreisen.

Vertrauen und Misstrauen. — Druck der Volksmeinung. — Presse. — Kaiserliches Handschreiben. — Muchanow's Entlassung. — Concessionen. — Auflösung des landwirthschaftlichen Vereins. — Der 8. April. — Wiederhergestellte Ordnung und Anarchie.

Wir haben bereits in einem der früheren Abschnitte darauf aufmerksam gemacht, wie in den russischen Regierungskreisen der Unterscheidungssinn zwischen Volkswünschen und Volksauflehnung nicht vorhanden ist. Aus diesem Mangel entsteht der weit grössere Uebelstand, dass die auf alle Selbstthätigkeit der Unterthanen misstrauisch blickende Regierung ihre Aufgabe nicht in der Leitung, sondern in der Unterdrückung des Volksgeistes sucht und ihre Stärke nicht nach der ihr zuströmenden, aus Zustimmung hervorgegangenen, freiwilligen Unterstützung der Intelligenz, sondern nach der ihr zu Gebote stehenden materiellen Macht und der von ihr ausgehenden Furcht misst. Es bedarf wahrlich keiner besondern politischen Befähigung, um einzusehen, dass eine solche Regierung, die ewig Misstrauen hegt, auch ewig Misstrauen erweckt, und auch dann, wenn sie zufällig das Gute anstrebt, die Intelligenteren und Edleren in die Unmöglichkeit versetzt, mit ihr gemeinsam zu gehen, ohne einem gleichen Misstrauen sich auszusetzen.

Man erwäge nur noch, dass die Regierung im Königreich eine Fremdherrschaft ist, deren Vergangenheit von 1815 bis heute nur Unterdrückungsversuche (Minister Gortschakow nennt sie in seinen Noten euphemistisch „Assimilationsversuche") aufzuweisen und bis zum Jahre 1861 niemals auch nur das Verlangen kund gegeben hat, aus eigenem Antrieb das Volk zu heben und zu bilden.

Wer sich zum Anhänger einer solchen Regierung macht, ohne seine wohlmeinenden Absichten in einem offenen Programme dem Volke darlegen zu können, stempelt sich vor dem letztern zum Apostaten, zum Verräther, und wir wissen, dass nirgends die Volksmeinung einen stärkeren Druck übt als da, wo sie selber unterdrückt und aus der Oeffentlichkeit verbannt in die Gesellschaft und die Häuser sich flüchtet und die Spaltung der Meinungen zu Spaltungen des socialen Lebens gestaltet.

Der Verrath oder auch nur der Verdacht des Verrathes ist bei unterdrückten Völkern der grauenerregende biblische Aussatz, der den Betroffenen zur schmachvollen Absonderung von der Volksgemeinde verurtheilt. Der Verräther in Polen ist der ewige Jude, er wandert von Ort zu Ort, und nirgends wird ihm aufgethan.

Als Verräther aber wird in Polen Jeder betrachtet, der den augenblicklich aufwallenden nationalen Wünschen und Forderungen einen Damm zu setzen unternimmt, wenn er seine nationale Treue nicht anderweitig bekunden kann. Denn was wir in geordneten Staatswesen mit Reaktion, Feudalismus, Standesgelüsten, Mangel an Patriotismus bezeichnen, — dies Alles nimmt in einem unterjochten Lande den Charakter oder doch den Schein nationaler Apostasie an, weil es der Einheit des Volkes gegenüber dem gemeinsamen Feinde hinderlich ist.

Was die russischen Federn seit dem Beginne der polnischen Bewegung den Terrorismus der Aktionspartei nannten, das war eben nichts Anderes, als der schwere Druck der öffentlichen Meinung, für die Niemand zu hoch und Niemand zu niedrig steht; das war die allzugerechte Furcht vor dem Verdachte des Verraths an den Interessen des Volkes, vor dem Verdachte, den durch That oder Schrift von sich abzuwehren unmöglich ist, ohne der Strenge der Regierung zu verfallen. Die anfängliche Aktionspartei aber war ohne jenen Hebel zu geringzählig, um Furcht, zu unreif, um Achtung einzuflössen.

Seit dem Eintritt Wielopolski's in die Regierung rief dieselbe beständig die Unterstützung der Intelligenz und des Besitzes gegen die übermenschlichen Anstrengungen der Aktionspartei zu Hülfe, ohne jedoch dieser Unterstützung einen offenen Weg zu bahnen. Als ihr anhaltendes Rufen vergeblich war, klagte sie über Mangel an Bürgermuth, und Wielopolski nannte das polnische Volk verächtlich eine Schaafheerde, die der Glocke ihres unsichtbaren politischen Leithammels nachginge. Doch was die Regierung Mangel an Bürgermuth nannte, das war der Mangel an gesetzlichen Mitteln, durch welche ein Jeder, der für einen Sohn des Volkes gehalten werden will, im Stande wäre, sein politisches Denken und Thun zu erläutern und zu rechtfertigen. Nicht leicht hat Jemand den zweideutigen Muth und die dünkelhafte Zuversicht zu seiner eigenen Kraft, die dazu gehören, um, wie der Marquis Wielopolski, sich mit allen Gewaltmassregeln einer Fremdregierung, mit all ihrer Verleugnung der Menschenrechte zu identificiren, sich, sein Haus und seine Nachkommen der Verachtung der Nation preiszueben, sich gegen seine eigenen Landsleute mit Gensdarmen zu schützen, und dies Alles in der ungewissen Hoffnung, dereinst, wenn die Zeit den Schleier des Geheimnisses lüften werde, von Mit- und Nachwelt für seine gutgemeinten Absichten verherrlicht zu werden.

Gegen diesen leicht erklärlichen Druck oder, wenn man will, Terrorismus der Volksmeinung, der die Gemässigtsten zu Unthätigkeit und schliesslich zu Thaten der Verzweiflung zwingt, gab's in Polen zu Anfang des Jahres 1861 ein einfaches, aber auch nur ein einziges Mittel, und dieses war: die Presse der Vormundschaft der Censur zu entziehen und als einen selbständigen, freiwillig handelnden Faktor in der lange vernachlässigten Aufklärung des Volkes und als Regulator der plötzlich erregten lebhafteren Pendelschwingungen der Volksmeinung hinzustellen. Den Beweis dafür liefern die vierzig Tage vom 27. Februar bis zum 8. April.

Nach den Februarereignissen nämlich lüftete unter dem Eindruck der erschütterten Regierungsautorität die Censur ein wenig die einschnürenden Fesseln der Presse, und der Phönix des Volksgeistes schien in verjüngter und verschönerter Gestalt wieder aufsteigen zu sollen. Wo irgend das Volk seine ruhige Haltung zu verlassen drohte, wo irgend die Agitation, die polnisch-revolutionäre oder die russische reaktionäre Agitation zu Ausschreitungen provocirte, da rief die Stimme der von der Bürgerdelegation und dem landwirthschaftlichen Verein mehr oder weniger inspirirten Presse zur Ordnung und fand willigen Gehorsam, obgleich sie doch nur halbe Worte zu sprechen in der Lage war.

Denn die lichtscheue russische Bureaukratie kann die Oeffentlichkeit nicht vertragen und die existirende nicht gesetzlich anerkennen. Die Adresse an den Kaiser z. B. cirkulirte in Tausenden von Abschriften im ganzen Lande, — in den Zeitungen durfte sie nicht gedruckt, zu ihrer Unterschrift nicht aufgefordert werden.

Die bei Gelegenheit der Todtenfeier für die Februar-Gefallenen gehaltenen Reden wurden wie vor den Tagen Guttenbergs durch hundert Hände auf einmal vervielfältigt, die ein Vorleser beschäftigte, und im Laufe mehrerer Tage gab's kaum ein Haus im Lande, das nicht wenigstens ein schriftliches Andenken aus diesen erhebenden und erfrischenden Tagen sich zurücklegte, — die Censur passirten jene Reden nicht.

Die städtische Delegation ersuchte den Fürsten um die Erlaubniss, behufs Erhaltung der Ordnung, für die sie sich verbürgt hatte, ihre Sitzungsprotokolle durch die Zeitungen veröffentlichen zu dürfen, sie wurde abschläglich beschieden. Aber allabendlich verlas sie dafür den Bericht ihrer Thätigkeit vor der gedrängten Menge in den Räumen der kaufmännischen Ressource, und Abschriften und xylographische Abzüge fanden die allgemeinste Verbreitung. Ebenso erging es dem Comité des landwirthschaftlichen Vereins. Es musste die Beschlüsse des letztern und seine eigenen Rathschläge betreffs der Bauernangelegenheit durch halbgeheime lithographirte Correspondenzen an die Mitglieder veröffentlichen, und der Weg durch die Zeitungen wurde ihm nur einmal, unmittelbar nach dem Rücktritt Muchanow's und als Revanche für dessen Rescript der Bauern-Aufwiegelung gestattet.

So schwächte die Regierung selbst ihr Ansehen, da sie zu Umgehungen des Gesetzes zwang, die sie zu verhindern nicht für opportun hielt.

Unter solchen Verhältnissen war die Erhaltung der Ruhe kein leichtes Werk. Die städtische Delegation übte dieses schwierige und wenig dankbare Amt mit grosser Umsicht. Es kann hier nicht unsere Absicht sein, in die Einzelheiten der Thätigkeit jener Körperschaft von durchaus ephemerer Bedeutung einzugehen, und wir werden daher nur einige Momente derselben erwähnen.

Es gelang der Delegation, die einmal angenommene ruhige Fassung des Volkes trotz aller von verschiedenen Seiten ausgestreuten wahren und unwahren Gerüchte auf ihrer Höhe zu erhalten, bis endlich nach vierzehntägigem Warten die Antwort des Kaisers an den Statthalter auf die Adresse des Volkes anlangte (13. März). Das kaiserliche Schreiben zeichnet auf's Schärfste den Gegensatz zwischen der vertrauensvollen Haltung des Volkes und den misstrauischen, die Verhältnisse vollständig verkennenden Aeusserungen der Regierung und verdient hier vollständig wiedergegeben zu werden. Es lautet:

„Fürst Michael Dmitriewicz! Ich habe die Adresse, die Sie mir übersendet haben, gelesen. Ich müsste sie für null und nichtig betrachten, denn einige Individuen (quelques individus) massen sich unter dem Vorwande hervorgerufener Strassenunruhen das Recht an, aus eigener Autorität den ganzen Gang der Regierung zu verdammen. Ich will jedoch darin nur eine Uebereilung sehen (entrainement)."

„Ich widme alle meine Sorge den wichtigen Reformen, welche der Lauf der Zeit und die Entwicklung der Interessen in Meinem Kaiserreiche erheischen. Meine Unterthanen des Königreichs sind der Gegenstand gleicher Fürsorge von Meiner Seite. Nichts, was ihr Gedeihen sichern kann, findet oder wird Mich gleichgültig finden. Ich habe ihnen bereits bewiesen, dass es Mein Wunsch ist, sie theilnehmen zu lassen an den Wohlthaten nützlicher, ernster, fortschreitender Verbesserungen. Ich verharre in denselben Intentionen und Gefühlen. Ich habe das Recht, darauf zu rechnen, dass sie weder verkannt noch gelähmt werden durch **unzeitgemässe** oder **übertriebene**, mit dem Wohle Meiner Unterthanen unvereinbare Forderungen. Ich werde alle Meine Pflichten erfüllen. In keinem Falle werde Ich materielle Unordnungen dulden; man baut nicht auf solchem Grunde. Bestrebungen, welche auf ihm ihre Stütze suchten, würden sich selbst von vorn herein verdammen; sie würden jedes Vertrauen zerstören und von Meiner Seite strenge Zurückweisung erfahren, weil sie das Land auf dem Wege des regelmässigen Fortschrittes zurückhalten würden, auf welchem es zu erhalten Mein unwandelbarer Wille ist. Alexander."

Der Fürst-Statthalter war von diesem Schreiben überrascht, an dem er gleichwohl durch seine unverständlichen Depeschen über die Warschauer Vorgänge, wo von „Emeute", „Gefangenen", „Todten" etc. die Rede war, selbst einen Theil der Schuld trug. Er fühlte, welch' provozirenden Eindruck die Veröffentlichung dieses kaiserlichen Handschreibens ohne Hinzufügung realer Concessionen auf die mit Noth beherrschte Bevölkerung machen würde. Daher entbot er den Erzbischof Fijalkowski, den Grafen Zamoyski und mehrere Mitglieder der Delegation zu sich, verlas nach einer räthselhaft verlegenen Anrede das kaiserliche Schreiben und nahm nach Erfüllung dieser Amtspflicht den Grafen Zamoyski in sein Kabinet, wohin er bald darauf auch Schlenker berief. Hier eröffnete er ihnen als vertrauliche Mittheilung die Grundzüge der zu erwartenden Concessionen, deren Bekanntmachung jedoch erst in zwölf Tagen erfolgen sollte, und bat um Anwendung all' ihres Einflusses zur Beruhigung der Gemüther.

Wir überlassen dem Leser die Würdigung dieser amtlich vertraulichen Konversation und der in ihr sich bekundenden politischen Weisheit des Statthalters. Die Vertreter des Volks erklärten dem Fürsten, für die Ruhe nicht einstehen zu können, falls jenes kaiserliche Rescript veröffentlicht würde. Der Fürst versprach, Letzteres bis zur Ankunft der in Petersburg bearbeiteten Concessionen zu verschieben.

Die städtische Delegation theilte am folgenden Abend das Resultat jener Audienz beim Statthalter den in der

Ressource versammelten Bürgern in der mildesten Form mit, verschwieg den aufregenden Theil des kaiserlichen Handschreibens vollständig und hob nur die zu erwartenden Institutionen hervor. Des andern Tages erschien — das Handschreiben in allen Zeitungen. Der Fürst-Statthalter hatte also sein Wort gebrochen, die Delegirten der Stadt in eine sehr schiefe Lage gebracht und deren Bemühung um die Ruhe selbst vereitelt!

Auf das verletzende „quelques individus" antwortete Graf Zamoyski mit der Einhändigung von 60,000 neuen Unterschriften unter die Adresse, deren Empfang er sich vom Statthalter bescheinigen liess. Die Delegation aber legte ihr Amt nieder. Doch das Volk bat sie um Wiederaufnahme desselben; denn es fühlte, dass es in dieser Aufregung ohne Leiter gelassen, sich in Unglück stürzen könnte, und es wollte ruhig bleiben. Die Delegation nahm ihre Entlassung zurück und machte im Vereine mit der von oben her unter der Hand tolerirten unbewaffneten Bürgerwache alle Anstrengungen, um die von der Regierung heraufbeschworene Aufregung zu dämpfen. Die Ruhe blieb bis auf Weiteres ungestört, aber das kaiserliche Schreiben liess scharfe Spuren von Misstrauen und Erbitterung zurück.

Inzwischen sorgte Muchanow, der allmächtige Rathgeber des Statthalters, für neuen Gährungsstoff im Lande. Er streute ins Geheime die Saat der Zwietracht aus zwischen der bäuerlichen Bevölkerung und den Grundbesitzern.

Die ersten Arbeiten des landwirthschaftlichen Vereins, die darauf hinausliefen, in möglichst kurzer Zeit einen freien, mit den Mitteln zur Bildung und zur Selbsthülfe versehenen Bauernstand zu bilden, die behufs dessen in Ermangelung der Censurerlaubniss an die Korrespondenten des Vereins halb geheim versendeten Instruktionen zur Aufklärung der Besitzer wie der Bauern — dies Alles versetzte den Geheimrath Muchanow in nicht geringe Unruhe, und er griff zu dem bekannten Metternich'schen Mittel, den Bauern die Polizeigewalt über ihre Gutsherren zu übergeben.

Das betreffende geheime Rundschreiben an die Civilgouverneure (Oberpräsidenten) wurde durch die Indiskretion eines Provinzialbeamten nach Warschau gebracht und entzündete auf's Neue die kaum beruhigten Leidenschaften des Volkes, das ohnehin durch fortgesetzte Heranziehung von Truppen nach Warschau in seinem Misstrauen bestärkt wurde. Der Adel, der wegen seiner Ruhe und Zurückhaltung so manche Anfechtungen Seitens der Rothen zu erleiden hatte, war nun noch der Willkür der Bauern preisgegeben und sah seine im besten Fortschritt begriffenen Bemühungen, um durch gütliches Uebereinkommen die Bauernfrage zur Lösung zu bringen, auf einmal vernichtet.

Den Fürsten-Statthalter, auf dessen Ermächtigung Muchanow in seinem Reskript sich berief, für diese Verordnung verantwortlich zu machen, wäre ungerecht gewesen. Der alte Mann kannte sicherlich die Tragweite seiner Ermächtigung nicht und hatte vielleicht, wie so oft, seine Unterschrift in blindem Vertrauen unter ein Schriftstück gelegt, das er nicht gelesen. Um so heftiger wendete sich gegen Muchanow die allgemeine Erbitterung, der selbst hohe Beamte russischer Nationalität den lebhaftesten Ausdruck gaben.

Die Hauptdirektoren (Minister) aller Kommissionen forderten vom Fürsten die Entlassung Muchanow's oder ihre eigene. Hatten sie ja selbst oft die Demüthigungen empfunden, die der hoffärtige Günstling Niemandem ersparte. Der allmächtige Minister fiel endlich und ihm nach stürzten einige seiner würdigen Kreaturen. Unter der Angabe missverstanden zu sein, nahm Gortschakow in den öffentlichen Blättern seinen Auftrag an Muchanow und das daraus hervorgegangene Reskript des letzteren zurück und verkündete die Entlassung Muchanow's auf dessen „eigenes Verlangen."

Wiederum war's die Regierung, welche die Aufregung steigerte, neues Misstrauen weckte und ihre Autorität untergrub.

Muchanow verliess das Land, die Verwünschungen des ganzen Volkes begleiteten seinen langjährigen Bedrücker, in Petersburg aber ernannte man ihn zum Mitglied des Reichsrathes in der Sektion für polnische Angelegenheiten. Im Lande wurde der Same, den Muchanow zurückgelassen, von andern Rathgebern der Krone, Marquis Wielopolski nicht ausgenommen, bald geheim, bald offen weiter gepflegt und trägt jetzt in dem Verhalten der Bauern gegenüber dem Aufstande zwar nicht alle gehofften, aber doch so manche blutige Früchte.

Während dieser Vorgänge in Warschau, deren Reflex bei dem Mangel einer Presse sich je nach den vorhandenen Lokalstoffen stärker oder schwächer über die verschiedenen Gegenden des Landes verbreitete, arbeiteten in Petersburg der dorthin berufene Staatsrath Karnicki, General Platonow und der Staatssekretär für Polen in der kaiserlichen Residenz, Tymowski, die Concessionen für das Königreich aus. Ausarbeiten ist hier nicht das rechte Werk, denn es war keine geistige Schöpfung zu vollbringen, sondern nur ein seit dreissig Jahren fertig liegendes Stück Staatsweisheit mit neuen, vom augenblicklichen Misstrauen diktirten Beschränkungen aufzustutzen. Nach dem Aufstande von 1831 nämlich erklärte Nikolaus die Konstitution von 1815 für verwirkt und ertheilte dafür dem Lande die mit dem Namen „Organisches Statut" bezeichnete Verfassung, welche jedoch nie ins Leben getreten ist. Das geringste Mass von Volksrechten ist in dieser Verfassung mit den grösstmöglichen Reservaten für die Regierung vereinigt. Sie gewährt Gemeinde-, Kreis- und Provinzial-

Vertretungen mit höchst beschränkten Attributionen und als oberste legislative Volksvertretung einen aus den Provinzial-Vertretungen kreirten vereinigten Landtag, neben dem aus kaiserlichen Ernennungen zusammengesetzten Staatsrath, der in der Verfassung von 1815 als oberster Gerichtshof neben dem gewählten Landtag einherging, als vorberathende Behörde dessen Hemmschuh war.

Dasselbe organische Statut wurde nun im Schoosse der oben genannten Räthe der Krone aufs Neue beschnitten, namentlich seines eigentlichen Kernes, des vereinigten Landtages beraubt und war endlich den 27. März so weit hergestellt, dass Gortschakow durch den Telegraphen in Stand gesetzt werden konnte, „inhaltsweise" die verliehenen Concessionen dem mit Spannung harrenden Volke zu eröffnen.

Der telegraphische Auszug war knapp und unverständlich und enthielt mit Ausnahme der Restitution des Unterrichtsministeriums und der Ernennung Wielopolski's für dasselbe nichts, was nicht schon der Fürst-Statthalter durch den Mund der Delegation in ausgedehnterem Massstabe hatte erwarten heissen. Wie ein Blitz ging der Gedanke durch Alle, die sich des organischen Statuts erinnerten: „Also der liberale Alexander konnte nicht unbedingt zur Höhe der Landesinstitutionen sich erheben, welche sein über Polen erzürnter Vater, wenn auch nur um sie wieder zurückzunehmen, ertheilte!"

Die Unzufriedenheit in Warschau steigerte sich zu Demonstrationen besonders religiöser Natur, die zu verhindern die Delegation nicht mehr willens und auch nicht im Stande war, da ihr seit einigen Tagen von Petersburg eigentlich die Auflösung zugedacht und von dem halbe Massregeln liebenden Gortschakow eine der Auflösung ziemlich gleichkommende Umwandlung gegeben worden war. Die steigende Aufregung in der Osterwoche konnte leicht wieder zu blutigen Reibungen führen, denn die Passionstage üben bekanntlich einen aufregenden Einfluss auf die niedere Bevölkerung in katholischen Ländern auch in ruhigen Zeiten. Der weichmüthige Statthalter rief nun wieder die Hülfe der Bürger an; die waffenlose Bürgerwache wurde eiligst installirt und die äusserliche Ruhe war bald wieder hergestellt. Der Charfreitag (29. März) verlief trotz der zu den heiligen Gräbern wogenden Menschenmenge ohne Störung, und auch das Osterfest wäre ruhig geblieben, wenn nicht wiederum die Regierung mit dem eigenthümlichen, alle ihre Schritte begleitenden Fatum die Aufregung wachgerufen hätte, die zu beschwichtigen wenigstens Fürst Gortschakow die redlichste Absicht hatte.

Den 29. März langten Karnicki und Platonow in Warschau an, und den 31., am ersten Ostertage, erschien an allen Strassenecken der Wortlaut der kaiserlichen Concessionen mit einem Aufruf des Statthalters, der den Thatsachen wie den Gefühlen des Volkes in gleicher Weise Hohn sprach. Wieder war von der Handvoll Menschen die Rede, welche die Unordnungen hervorgerufen und welche der Kaiser von dem getreuen Volke zu unterscheiden wisse, so wie diese Unordnungen nicht im Stande gewesen wären, die längst gehegten hochherzigen Absichten aufzuhalten, die der Kaiser durch Verleihung der neuen Institutionen bekunde.

Die Ansprache des Statthalters war, das erkannte man leicht, das Werk des ihn umgebenden Militärkabinets, welches eben durch den neu angekommenen, mit weitreichenden Vollmachten versehenen General Chrulew einen gefährlichen Zuwachs erhalten hatte. Wielopolski gehörte damals noch dem Volke an, und sein energischer Protest gegen den ohne sein Wissen erlassenen Aufruf des Statthalters im Verein mit den Vorstellungen angesehener Bürger aus der Delegation bewirkte endlich die Veröffentlichung jener bereits von uns erwähnten Proklamation vom 2. April, welche durch die lang entbehrten Worte: „Polen", „Nationalität" u. s. w. den freudigen Zauber hervorrief, der den Anblick der düster aufgeregten Stadt plötzlich umwandelte. Den folgenden Tag brachten die Zeitungen das kaiserliche Manifest ohne die erste Anrede des Statthalters. Die Regierung hat wieder einmal dieselben Eigenschaften beurkundet, welche sie bis zum Aufstande begleiteten, Hochmuth mit Schwäche, Strenge ohne Energie, Rücksichtslosigkeit mit Furcht, mit einem Worte: Systemlosigkeit.

Auf Wielopolski waren fortan Aller Augen gerichtet. Seine erste Amtsthat war die Entlassung eines Schulraths, der nach dreissigjährigem Dienst in Polen noch nicht so weit gekommen war, um eine Anfrage seines neuen Vorgesetzten in der Landessprache beantworten zu können. Dies berechtigte die Erwartung einer Schulreorganisation auf nationalem Boden. Mit der ihm eigenen Energie schaffte der Marquis bei seinem ersten Besuch der Censur-Bureau's die Schwärze ab, welche verfängliche Stellen in den ausländischen Zeitungen zu färben bestimmt war, und eröffnete dadurch die frohe Aussicht auf Abschaffung der verhassten Censur. Seine damals noch nicht von bureaukratischen Fesseln eingeschnürten Anschauungen legte er in seinen Reden an die einzelnen zu seinem Ressort gehörenden Körperschaften nieder, deren sofortige Veröffentlichung in den Zeitungen das seit dreissig Jahren nicht mehr daran gewöhnte Publikum in freudiges Erstaunen setzte. Aber durch das ihm eigene scharfe Wort verletzte er bei dieser Gelegenheit die katholische Geistlichkeit und legte den Grund zu einer übermächtigen Opposition, noch ehe er eine Partei sich zu schaffen Gelegenheit hatte. Indem er der katholischen Geistlichkeit die an und für sich berechtigten, aber unzeitigen Worte zurief: „Ich werde keinen Staat im Staate dulden", stiess er diesen leicht empfindlichen Stand vollständig in die Reihen der Aktionspartei, die mit der sie auszeichnenden geschickten Benutzung der Umstände fortan ihre Hauptstütze in ihm fand.

Diese Partei aber, so geringzählig auch ihre eigentlichen Anhänger waren, hatte durch die am 31. März ihrem Wortlaute nach bekannt gewordenen Grundzüge der dem Königreiche zu verleihenden Institutionen nicht nur an Boden nicht verloren, sondern insofern eher noch gewonnen, als diese letzteren keine Gegenpartei zu organisiren geeignet waren und die Beruhigungsversuche Einzelner aus freier Hand in der Benutzung sich immer mehr abschwächten. Denn die verheissenen Reformen konnten, selbst abgesehen von dem ihnen beigegebenen unangenehmen Geleitschreiben des Statthalters, Niemanden befriedigen.

Nicht sowohl das geringe Mass der in ihnen verheissenen bürgerlichen Freiheit war die Ursache ihres unvortheilhaften Eindrucks, denn diese mochte das Volk in seiner damaligen Stimmung gern der Entwickelung der Zeit überlassen; aber die verkündigten Institutionen trugen in sich selbst keine Entwickelungsfähigkeit, weil ihnen dasjenige fehlte, worauf es vor Allem ankam, ein nationales Organ der Vermittelung zwischen Regierung und Volk. Der Staatsrath, dem diese Aufgabe zufiel, sollte zum grössten Theil aus Beamten, zum kleinsten aus Privatleuten bestehen, welche, durch das Vertrauen des Kaisers berufen, dem Lande noch gar keine Garantie boten. Jede Initiative in der Gesetzgebung konnte dem Staatsrath in jedem Augenblick durch den Statthalter abgeschnitten werden, von dessen arbiträrem Ermessen allein die Zulassung eines Antrages zur Discussion abhing, so wie es ihm jeder Zeit frei stand, eine Discussion für geschlossen zu erklären. Endlich hatte der Staatsrath keine beschliessende, sondern nur eine konsultative Fakultät. Es war also mit einem Worte an dem absoluten Regierungssystem faktisch Nichts geändert, ausser dass in das bureaukratische Getriebe statt der rostig gewordenen Senatsversammlung ein neues, vielleicht nicht minder schwerfälliges, Rad eingefügt war, während bereits der Minister der auswärtigen Angelegenheiten in Petersburg sich beeilte, durch ein Rundschreiben an alle Vertreter des russischen Hofes die ganze Welt von den dem Königreiche gespendeten Wohlthaten in Kenntniss zu setzen.

Zwar fühlte die Intelligenz des Landes, dass jeder eingeschlagene Weg zum Fortschritt in nothwendiger Consequenz weiter führen muss, wenn der Geist des Volkes ihn bewacht, und darum ging von ihr bald nach Veröffentlichung der Reformen in Betreff derselben die Losung aus: „Annehmen, doch nicht quittiren", was so viel hiess, als das Volk solle seinerseits der Regierung jede Unterstützung zukommen lassen, die es durch Wahlen, Annahme kaiserlicher Ernennungen u. s. w. ihr gewähren kann, ohne die erlassenen Verheissungen als das Maximum aller Wünsche anzusehen. Da jedoch die ersehnte Fortentwickelung des Gegebenen nicht in die Hände der Volksvertretung gelegt werden konnte, weil die Institutionen für solche keinen Raum hatten; da ferner sowohl die Verhandlungen wie die Beschlüsse der verschiedenen Rathskörper der Oeffentlichkeit sich entziehen sollten, wenn nicht der Statthalter eine Ausnahme von der Regel zu gestatten für gut fand; da die Befreiung der Presse von den Fesseln der Censur nicht unter die Verheissungen aufgenommen; da endlich der Usus der russischen Bureaukratie zu sehr bekannt war, welcher liberale Gesetze von der Stunde ab in's Grab der Vergessenheit zu legen pflegt, da sie mit grossem Eclat verbreitet von Europa als bestehend und herrschend betrachtet werden; so gab's kein anderes Mittel, die Regierung zum Fortschritt zu drängen und vor Rückschritt zu bewahren, als indem die erweckte Bewegung der Geister weiter im Volke erhalten bliebe und nach wie vor in äusseren Kundgebungen, wie Landestrauer, patriotische Lieder etc., zum Ausdruck käme.

Die Funktionen, welche in anderen Ländern der Presse, den Volksvertretungen, der öffentlichen Controlle oder, was dasselbe ist, der Macht der Verhältnisse übertragen werden, mussten im Königreich Polen auch nach den verkündigten Reformen in Folge ihrer Mangelhaftigkeit und in Folge des Zweifels an ihrer Einführung und liberalen Handhabung weiter dem Elemente überlassen bleiben, welches den ersten Schrei des Landes zu seinem Monarchen ermöglichte, d. i. der akademischen Jugend und dem von ihr geleiteten Handwerkerstande, oder der revolutionären Agitation. Die Uebelstände, die an eine derartige permanente Situation sich unvermeidlich knüpfen, die stets wachsende leidenschaftliche Erhitzung des Volkes und Steigerung seiner in anderen Verhältnissen der Zukunft überlassenen Forderungen waren eine unvermeidliche Folge der unbefriedigten Wünsche selbst der gemässigtsten Partei und hätten eine umsichtige Regierung bald auf den Sitz des Uebels hinweisen müssen.

Während die Tonangebenden im polnischen Volke so raisonnirten, fing auf der andern Seite die Regierung mit dem Eintritt Wielopolski's in dieselbe folgerichtiger als bisher zu handeln an. Das Erste, was sie nach Veröffentlichung der Reformen thun musste und that, war die Auflösung der provisorischen Bürgerdelegation, welche seit dem Beginn der Bewegung die Leitung der öffentlichen Ordnung Warschau's in ihren Händen hatte. Mit der Bürgerdelegation hatte auch die unbewaffnete Bürgerwehr ihr Ende erreicht. Damit aber war ein Faktor in der Leitung des Volkes aufgehoben, dem die Regierung einen entsprechenden an die Stelle zu setzen verabsäumte.

Die Bürgerdelegation verabschiedete sich vom Volke mit der Mahnung zu Ruhe und Ordnung, aber mehr hatte sie auch nicht dem Volke vorzuführen, als das leere Wort. Die Trauer abzulegen, die seit dem Eintreffen der Concessionen wieder aufgenommenen Gesänge in den Kirchen und vor den katholischen Bildsäulen verstummen zu lassen, die Ansammlungen auf den öffentlichen Plätzen einzustellen, dazu konnte sie mit gutem Gewissen nicht auffordern, und ihr Wort hätte auch schwerlich Gehör gefunden.

Wollte wiederum die Regierung ohne Unterstützung der Intelligenz des Landes die allerdings durch jene Demonstrationen täglich gefährdete Ordnung sichern, so blieb ihr, da sie einmal die Freiheit zur Wächterin derselben einzusetzen sich nicht entschliessen mochte, nichts Anderes übrig, als die bisher geübte Nachsicht aufzugeben und eventuell auf die Militärgewalt sich zu stützen, für deren Verstärkung im Lande sie seit dem Anfang der Bewegung gesorgt hatte.

Unter diesen Umständen war ein blutiger Conflict jeden Augenblick zu befürchten, wenn es der Regierung nicht gelang, die Hoffnungen, welche das Volk auf die erwartete Repräsentation des Landes setzte, auf sich selbst zu lenken, indem sie einen liberalen Despotismus einführte und aus eigener Initiative die Verwaltung des Landes systematisch umgestaltete. Dieser Weg war ungleich schwieriger, aber Wielopolski war der Mann, zu dessen eiserner Energie man sich versehen durfte, dass er trotz seiner scharfen Ecken alle Volksorgane zu vertreten wenigstens für einige Zeit im Stande sein würde, wenn er die Realisirung der Volkswünsche sich zum Ziele setzte. Indess sein Verfahren gegen den landwirthschaftlichen Verein erwies bald, dass er zu denjenigen Charakteren gehört, die erst zu zerstören und dann auf Ruinen allein ohne fremde Hilfe zu bauen lieben. Nichts wäre für Wielopolski leichter und Nichts dankbarer gewesen, als die Vorarbeiten des landwirthschaftlichen Vereins in Betreff der Regulirung der Bauernfrage sich anzueignen, die vom Comité bereits angebahnte freiwillige Auseinandersetzung durch Uebereinkommen zwischen Bauern und Gutsherren auch seitens der Regierung zu empfehlen und zu unterstützen, dadurch die Uebereinstimmung der beiderseitigen Interessen zu constatiren und den von Muchanow eingeleiteten Aufhetzungen der Bauern ein öffentliches, Vertrauen erweckendes Dementi zu geben. Anstatt dessen erliess Markgraf Wielopolski unmittelbar nach seinem Amtsantritt ein Cirkular an die Geistlichkeit mit der Aufforderung, die Bauern dahin aufzuklären, dass die Verwandlung der National-Leistungen (Robot) in Zins durch freiwillige Verabredung gestattet, dass dagegen die sofortige Zinsablösung durch Errichtung von Privatvorschusskassen für die einzelnen Gemeinden, welche das Comité des landwirthschaftlichen Vereins in seinen Cirkularen empfohlen hatte, erst dann würde in Angriff genommen werden dürfen, wenn die Regierung diesem Wunsche zu willfahren für gut befinden würde.

Der von jeher misstrauische und störrige Bauernstand wurde auf diese Weise nach drei Seiten hin gezerrt. Die Muchanowschen Agenten, die ihr Werk auch nach Entfernung ihres Chefs mit Unterstützung der Militärbehörden fortsetzten, sagten den Bauern, der Adel hätte an den Kaiser eine Adresse um Forterhaltung der Bauernknechtschaft gerichtet, und in den öffentlich gesungenen religiös-politischen Liedern heisse es: „Frohndienst, Freiheit lass uns neu erstehen". Die Agenten schoben hier statt des Wortes „ojczyzna" (Vaterland) das ähnlich klingende „panszczyzna" (Frohndienst) unter. Derartige grobe Täuschungen sind natürlich nur in einem Lande möglich, dessen Regierung dreissig

Jahre hindurch von Unterhaltung des Misstrauens zwischen den verschiedenen Ständen sich nährte.

Der Adel hatte, um jenen Wühlereien zu begegnen, durch die katholische Geistlichkeit von den Kanzeln und durch die israelitische vermittelst eines im Geheimen verbreiteten Cirkulars an die durch ihre Gewerbe in beständigem Connex mit den Bauern wie mit den Gutsherren stehenden Juden, seine wahren Absichten dem Landvolke verkünden lassen.

Und nun erfolgte die oben erwähnte Proklamation der Regierung, aus welcher der Bauer nur so viel zu entnehmen wusste, dass er Niemanden trauen dürfe.

Dieser durch kein staatsmännisches Raisonnement zu rechtfertigende Eingriff in das Privatrecht wäre von einem Russen, oder auch von einem in russischer Bureaukratie auferzogenen Polen nichts Erstaunliches; von Wielopolski aber, der sich öffentlich einen Anhänger der englischen Civilgesetzgebung nannte, wäre jener Schritt gar nicht zu begreifen, wenn der Markgraf nicht ausser seiner oben bezeichneten Zerstörungssucht noch den unverzeihlichen, seither oft bekundeten Fehler besässe, in seinen politischen Massnahmen von persönlicher Gereiztheit sich leiten zu lassen. Persönlich gercizt aber ist der Markgraf gegen Jeden, der nicht unbedingt sein Anhänger sein, sondern auch für sich noch Etwas bedeuten mag. Der landwirthschaftliche Verein war ihm von jeher ein Dorn im Auge, weil an seiner Spitze ein Mann wie Zamoyski stand, der zwar an staatsmännischer Befähigung den Markgrafen nicht erreichte, dafür aber wegen seines Edelsinns und der Unanfechtbarkeit seines Charakters in allen Schichten des Volkes gleiche Popularität genoss. Den Präses des landwirthschaftlichen Vereins jetzt seine Superiorität fühlen zu lassen, war dem Markgrafen ein nicht sehr edles Seelenbedürfniss.

Reizte nun schon der angeknüpfte Conflikt des Kultusministers mit dem Adel und der ihm zur Seite stehenden Geistlichkeit den Unwillen des seit Auflösung der Bürgerdelegation wieder sich selbst überlassenen Volkes, so goss die am 6. April plötzlich in den Zeitungen bekannt gewordene Aufhebung des landwirthschaftlichen Vereins Oel in die Flamme. Obwohl diese Verordnung vom Administrationsrath (Ministerium und Statthalter) ausging, so konnte doch Wielopolski schon aus dem Grunde als ihr Urheber betrachtet werden, weil er in der ganzen Civilregierung der einzige Mann der That war. Ausserdem aber war ja die Aufhebung des Vereins nur die weitere Konsequenz des erwähnten Conflikts.

Die Volksaufregung war in Folge dieses Regierungsaktes ganz ähnlich derjenigen, welche nach Bekanntwerdung des geheimen Muchanow'schen Reskriptes in Warschau herrschte, nur mit dem Unterschiede, dass die Bürgerdelegation jetzt nicht mehr vorhanden, und die Regierung entschlossen war, die Zügel wieder straffer anzuziehen.

Mit überraschender Schnelligkeit wusste die Aktionspartei eine alle früheren an äusserem Glanze, wenn auch nicht an innerer Würde, übertreffende Demonstration zur Darstellung zu bringen, noch ehe die Regierungsbehörden, schwerfällig wie immer, gegen die zu erwartenden Kundgebungen ihre Taktik entworfen hatten.

Am Sonnabend, 6. April, wurde die Auflösung des landwirthschaftlichen Vereins aus den Abendzeitungen bekannt, und Sonntag, 7. April, Nachmittags strömten auf vertraulich ausgegebene sogenannte Parole unabsehbare Massen zu dem Landschaftsgebäude in der Masovienstrasse, dessen architektonisch schöne Front im Nu in Blumenguirlanden und Fahnen gehüllt, einen bezaubernden Anblick gewährte. Das zweiköpfige russische Regierungswappen wurde in Gegenwart der versammelten und stets wachsenden Menge durch einen auf Papier improvisirten und vom Balkon herabgelassenen polnischen Adler überdeckt; „noch ist Polen nicht verloren" wurde von tausend Kehlen angestimmt, endloser Jubel erschallte und hoch flogen die Mützen in die Luft, die mit behender Geschicklichkeit auf den Stöcken wieder aufgefangen wurden.

Der General-Kriegsgouverneur Paniutyn kam zu Pferde herbei, um sich von dem Charakter der Versammlung durch Augenschein zu überzeugen. Die Menge empfing ihn mit lauten Vivatrufen und der ihn begleitende Kosacke wurde durch die Elite der Jugend vor etwaigen Insulten geschützt, indem sie das erschrockene Pferd mit seinem todtenblassen Reiter durch die Massen führte. Noch hatten die meist jugendlichen Volksführer die Zügel in den Händen und konnten der Bewegung die Schranken der Ordnung anweisen, die sie nicht überschreiten sollte. Als endlich gegen Abend eine Militärkolonne in der Masovienstrasse erschien, fand sie dieselbe leer. Der Zug hatte sich inzwischen nach dem Palais des Grafen Andreas Zamoyski in der Krakauer Vorstadt in Bewegung gesetzt, um diesem Vorsitzenden des aufgelösten landwirthschaftlichen Vereins einen Blumenkranz zu überreichen.

Zamoyski mahnte zur Ruhe und setzte die zur Zeit landläufigen Worte hinzu: Europa blickt auf uns. Das war die Zauberformel, mit der damals alle etwaigen leidenschaftlichen Ausbrüche des Volkes gebannt und seine anfängliche würdevolle Haltung mit stets grösserer Mühe weiter erhalten wurde. Neue Vivatrufe erfolgten, neue „Hoch" dem landwirthschaftlichen Verein, der sich plötzlich durch seine Auflösung die Volksgunst erkauft hatte, die er bei Lebzeiten in nur geringem Grade besass. Inzwischen brach die Nacht herein, die Demonstrationen waren eigentlich zu Ende, man hatte zum Ueberfluss selbst dem englischen Konsul bereits eine Visite abgestattet, die er mit seinem Erscheinen auf dem Balkon nicht zu erwiedern wagte, obgleich sie ihm und seiner Regierung nicht sehr unlieb gewesen sein mochte, aber die Volksmenge schwoll noch immer an und mit ihr ihre Erhitztheit. In diesem gefährlichen Zustande zog man vor's königliche Schloss, die Residenz des Statthalters, die inzwischen von Truppen ringsum besetzt war.

Der weichmüthige, alte Gortschakow wollte durch seine statthalterschaftliche Autorität das Volk in Güte auseinander bringen, forderte aber durch seine ungeschickte, wiewohl nicht schlecht gemeinte Ansprache den Muthwillen der Kecksten heraus. „Geht nach Haus!" sprach er halb russisch, halb polnisch, „geht schlafen!" Auf diese nicht sehr einschmeichelnde Anrede erwiederte Jemand aus dem Volke: „Wir sind hier zu Hause, ihr (Russen) seid in der Fremde." Ein Anderer rief: „Geschlafen haben wir dreissig Jahre, jetzt sind wir erwacht."

Der alte Mann zog sich zurück, erschien aber schnell wieder zu Pferde unter den Massen und bald die Reitpeitsche schwingend, bald seinen Knebelbart zausend, schrie er in seiner ans Komische grenzenden Heftigkeit: „Ich werde schiessen lassen." Das Volk lachte, einige junge Leute rissen ihre Brust auf und riefen: „Schiesst auf Wehrlose, wenn ihr's könnt, wir fallen gern als Opfer für das Vaterland."

Nachdem der Fürst-Statthalter unter Zischen und Pfeifen sich zurückgezogen, traten Generale unter's Volk, um ihm gütlich zuzureden. Man verlangte die Zurückziehung der ringsum aufgestellten Truppen, dann wollte man ruhig auseinander gehen. Ersteres wurde gewährt und letzteres erfolgte unmittelbar darauf ohne jede Störung.

Der Fürst-Statthalter hatte durch sein würdeloses Benehmen gegenüber der erhitzten Volksmasse persönlichen

Beleidigungen sich ausgesetzt, hatte die höchste Autorität preisgegeben und schliesslich durch Nachgiebigkeit dem Volke zu einem unblutigen Siege verholfen.

Am Morgen des 8. April wurde Kriegsrath im Schlosse gehalten. Das Militärkabinet forderte Genugthuung für die verletzte militärische Ehre — sie wurde ihr noch an demselben Abend in traurigster Weise gewährt.

Die Aktionspartei, die in der Regel jedes militärische Einschreiten geschickt zu umgehen wusste, indem sie das Signal zur Ruhe zu geben pflegte, so oft zu vermuthen stand, dass die Regierung sich zu einer That ermannen würde, hatte auch diesmal den Streich vorhergesehen und daher eine Gelegenheit vom Zaune gebrochen, um das feiernde Volk (es war an einem katholischen Festtage) auf dem katholischen und darauf auf dem jüdischen Kirchhofe ausserhalb der Stadt zu fesseln. Doch als die Demonstranten von dort gegen Abend zurückkehrten, vernahmen sie schon die Schüsse vor dem Schlosse. Die dort versammelte Menge war keineswegs zahlreich. Die gerichtliche Untersuchung gegen die bei diesem Tumult gefangenen Personen und andere Ermittelungen ergaben, so weit sie in die Oeffentlichkeit drangen, dass die meisten der vor dem Schloss zusammengebrachten Leute von dem Zweck ihres Aufenthaltes vor der Residenz des Statthalters keine Ahnung hatten, dass sie vielmehr von Unbekannten im Laufe des Tages regalirt, in halbtrunkenem Zustande auf den Schlossplatz gebracht und dort verlassen wurden. Jedermann merkte hier die agitirende Hand der Polizei und der geheimen Gensdarmerie, denn der patriotische Fanatismus in Polen bedurfte zu jener Zeit noch nicht derartiger Kunstgriffe. Doch über den blutigen Vorgängen des 8. April, sowie über der Zahl der damals gefallenen Opfer ruht ein Schleier, der wohl nie mehr gelüftet werden wird.

Als Schreiber dieses eine halbe Stunde hindurch das knatternde Kompagniefeuer hörte, als er die Gesichter der in aufgeregter Wuth vom blutigen Schauplatze flüchtenden Männer und Weiber sah, als er die Kanonenschüsse und die Raketensignale gewahrte, welche das um Warschau lagernde Militär herbeizuziehen bestimmt waren, glaubte er, dieses stets für zu heissblütig gehaltene Volk werde in rasender Verzweiflung zu Waffen und Knitteln greifen und die Stadt zum Schlachtfelde machen; aber er besann sich bald, dass langjähriger Druck und katholische Mystik aus dem ehemaligen Polen ein märtyrersüchtiges Duldervolk gemacht. Fanatische Männer und Frauen trotzten wehrlos, um das Kreuz geschaart, den mörderischen Kugeln, bis sie erlagen.

Es las sich später so schön in allen europäischen Zeitungen, vor dem Einschreiten des Militärs am 8. April wäre die Aufruhrakte dreimal verlesen worden. Es ist wahr, es wurde etwas dem Aehnliches unter Trommelschlag verlesen. Aber gab's denn in Polen eine Aufruhrakte? war das Volk davon in Kenntniss gesetzt, was dreimalige Aufforderung zum Auseinandergehen bedeute, und war nicht die Furcht vor der Autorität durch diese selbst wochenlang untergraben worden?

Jeder Einsichtige zwar erkannte nach den Beleidigungen, welche der Fürst-Statthalter am 7. April erfahren hatte, wenn auch mit Schmerz, dass sich die Regierung in die traurige Lage versetzt habe, durch strenges und schlimmsten Falls blutiges Verfahren die Ordnung und die Herrschaft des Gesetzes, wie wir in geregelten Staatsverhältnissen zu sprechen gewohnt sind, wieder herzustellen. Aber der hierzu eingeschlagene Weg war roh und unehrlich und erzürnte das Rechtsgefühl, anstatt es zu beruhigen. Selbst Wielopolski, dem Sentimentalität nicht zum Vorwurf gemacht werden kann, konnte sich der Erkenntniss nicht verschliessen, dass hier nicht die gesetzliche Gewalt, sondern schreiende Gewaltthätigkeit geübt wurde. Mitten durch den Kugelregen fuhr er unter persönlicher Gefahr, mit zwei Revolvern bewaffnet, mit denen er sich etwaiger Volksinsulten erwehren wollte, ins Schloss, berief den Administrationsrath und entwarf eine Aufruhrakte, die, vom 8. April datirt, erst am 9. zur Veröffentlichung gelangte, und an deren Fassung die Eilfertigkeit nicht zu verkennen war.

Sollte durch das nachträgliche Gesetz das Verfahren der Regierung gesetzlich gemacht, sollte dadurch der Schein der Gesetzlichkeit vor Europa gerettet, oder sollte das Volk vor ähnlichem Unglück geschützt werden?

Wenn der Markgraf das Letztere beabsichtigte, so musste er sich bald überzeugen, dass der russische Soldat an ein Gesetz sich zu halten nicht versteht, denn die auf den 8. April folgenden Tage sahen Mord, Verletzung der Person und des Eigenthums in den Strassen der Residenzstadt, unter den Fenstern des Markgrafen. Wie's nach der neuen Ordnung in der Provinz aussah, davon wussten die ausländischen Blätter seiner Zeit mehr zu erzählen, als wir in Warschau erfahren konnten. Der neue Unterrichtsminister liess einen Tag nach dem andern die auswärtigen Zeitungen konfisziren, und führte endlich, um dem Publikum nicht alle Lektüre zu rauben, die Censurschwärze wieder ein, die er kurz vorher als Schuhwichse verbannt hatte. Die Zeitungs-Censur übte der Markgraf persönlich mit der ihm eigenen Rigorosität.

Wenn damals Graf Schwerin im preussischen Abgeordnetenhause von der mit dem 8. April in Polen eingetretenen Militärherrschaft sich äusserte: in Warschau sei die Ordnung wieder hergestellt worden, so war er mit Unkenntniss der Verhältnisse zu entschuldigen, so weit dies einen Minister entschuldigen kann. Aber ein bitterer Hohn war's, dass

Wielopolski bei Uebernahme des durch den Rücktritt Wolowski's erledigten Justizministeriums die Beamten des Letzteren mit Worten anzureden wagte, die jedem Polen die Schamröthe ins Gesicht trieben. „Die leider in blutiger Reibung gerettete, jetzt mit einem neuen Gesetze (Aufruhrakte) ausgerüstete öffentliche Ordnung," so sprach der neue Justizminister, „lege ich in Eure Hände"... „Die öffentliche Ordnung kann nicht von Tag zu Tag erbettelt werden; sie muss auf sich selbst gestützt sein, unverweslich, jeden Augenblick ihrer selbst gewiss. Wenn die Ordnung bei der Willkür, dem Leichtsinn, der Unordnung auf Gnadenbrod gesetzt ist, dann verdirbt Alles in der Nation, die Quelle des Bürgermuthes verdorrt, es schwindet die Unabhängigkeit der Meinung, es schwindet die Freiheit des Denkens."

Man war versucht zu glauben, der Markgraf wendete sich mit seiner staatsmännischen Predigt an eine falsche Adresse. Denn was hatte die Civilgerichtsbarkeit mit der öffentlichen Ordnung zu thun in einem Lande, wo jedes polizeiliche Vergehen, wie etwa der Ungehorsam gegen einen Polizeisoldaten, von den militärischen Richtern ohne Gesetzbuch in der Citadelle abgeurtheilt wurde, wo zur Zeit die Bürgerdelegation all ihren Einfluss, und die Macht der Umstände ihren Druck ausüben musste, um die Befreiung solcher Individuen zu erlangen, welche für den angeblichen Besitz eines verbotenen Buches und ähnliche Anschuldigungen ganze Monate in Untersuchungshaft in der Citadelle hatten zubringen müssen?

Aber der Markgraf meinte das neue Aufruhrgesetz, welches zwar immer noch die Uebertretenden zur Untersuchungshaft in eine der Landesfestungen schickte, aber doch wenigstens unter die Jurisdiktion des Civilgerichts stellte. Und doch gestattete der Markgraf, dass der für die Massengefangenen des 8. April eingesetzten ausserordentlichen Gerichtskommission so wie den Instruktionsrichtern in Warschau, als Wächter der öffentlichen Ordnung Militärs zu Beisitzern beigegeben wurden, die sich das Recht zu inquiriren heraus nahmen. Auch hat er seine Entlassung nicht etwa eingereicht, als trotz Freisprechung des Gerichtshofes die Gefangenen auf den Willen des Statthalters weiter in Arrest gehalten wurden. Endlich diese schöne Phrase von der „Ordnung, die bei der Willkür, dem Leichtsinn, der Unordnung auf Gnadenbrod gesetzt ist", — sie passte Wort für Wort auf die Soldateska da draussen, die sich wie ein lang zurückgehaltener Strom zerstörend über die Strassen ergoss und ein Jammerbild roher Zügellosigkeit darbot, während in der Zeit der Bürgerdelegation, auf welche der neue Justizminister anspielte, die Sicherheit der Person und des Eigenthums auch nicht einen Augenblick gefährdet war.

Diese Rede, durch welche Wielopolski sich mit allen Missbräuchen der Militärregierung solidarisirte, vernichtete alle Hoffnungen auf seine Person, wie die Kugeln des 8. April das Vertrauen zur Gesammtregierung zerschossen hatten. Vergebens strengte der stolze Mann später sich an, durch Communiqué's in den Zeitungen, durch Artikel in der auswärtigen Presse, welche die inländische zu reproduciren gezwungen wurde, die Auflösung des landwirthschaftlichen Vereins zu rechtfertigen, die Mitwirkung aller wohldenkenden Bürger bei der Reorganisation des Landes zu fordern; vergebens war's auch für die Wiederherstellung seines Rufes, dass die „in blutiger Reibung wiederhergestellte öffentliche Ordnung" auch gegen ihn sich richtete und ihm in der Durchführung seiner Volksbeglückungsversuche à la force Hindernisse in den Weg legte. Der Markgraf blieb isolirt vom Volke, bis er etwa ein Jahr später als Chef der Civilverwaltung in Begleitung des Grossfürsten Konstantin aus Petersburg wieder nach Warschau kam. Da schien's einen

Augenblick, als suchte er die Aussöhnung mit der Nation, als wäre er, durch die Erfahrung belehrt, zur Erkenntniss gelangt, dass sich ein Staatsmann, der reformatorisch auftreten will, aufs Volk stützen müsse. Er reichte dem Grafen Zamoyski die Hand und in ihm der ganzen gemässigten Mehrheit des Volkes; — bald darauf wurde Zamoyski des Landes verwiesen.

Fünfter Abschnitt.

Die wachsende Volksbewegung bis zur Verkündigung des Kriegszustandes, 8. April bis 13. Oktober 1861.

Gortschakow und Suchozanet. — Fruchtlose Repressivmassregeln. — Der 12. August. — Wielopolski isolirt. — Reaktionäre Hemmungsversuche. — Reorganisation des Landes verzögert. — Graf Lambert. — Milde Anarchie. — Die Rothen, Schwarzen und Gemässigten. — Wahlen zu den Kreis- und Stadträthen. — Erzbischöfliche Beerdigungsfeier. — Kriegszustand.

Selten hat wohl ein Land gerade in der bewegtesten Zeit so oft seine Regierung gewechselt, wie das Königreich Polen im Laufe der Jahre 1861 und 1862. Nur der Abfall der Niederlande bietet hierin einige Analogie. Auf Gortschakow, der am 30. Mai verschied, folgte der Kriegsminister Suchozanet als Statthalter; diesen ersetzte Ende August Graf Lambert; im Oktober desselben Jahres verliess Letzterer plötzlich das Land, und wieder regierte Suchozanet einige Wochen, bis General Lüders ankam, welcher wiederum im Juli 1862 dem Grossfürsten Constantin den Platz räumte.

Wir nehmen hier die Statthalterschaft des Fürsten Gortschakow, vom 8. April ab, und die des Kriegsministers Suchozanet in einem Abschnitt zusammen, da dieser Wechsel der Personen auf den Fortgang der Ereignisse gar keinen oder höchstens den Einfluss hatte, dass der zweite Statthalter durch sein eigenthümliches Wesen, das wir bald näher kennen lernen werden, mehr noch als der erstere dazu beitrug, die moralische Macht der Regierung zu ruiniren. Wir werden daher in unserer Erzählung nicht immer genau unterscheiden, was dem Fürsten Gortschakow und was Suchozanet in den Repressivmassregeln zuzuschreiben ist, welche die Gesetzlosigkeit zum Gesetz erhoben.

Das Militärkabinet Gortschakow's, welches die Schreckensscenen des 8. April und der darauf folgenden Tage als einziges Mittel zur Wiederherstellung der wankenden Regierungsautorität hervorgerufen oder doch wenigstens mit freudiger Hast erfasst hatte, kannte den neuen Zustand des Landes nicht, wenn es sich von seinen Massregeln einen bleibenden Erfolg versprach. Die Wirkungen des Schreckens und der Einschüchterung dauern in jedem Volke nur so lange, als es in Stände und Parteien zerklüftet ist, welche in Verfolgung ihrer Partikularinteressen das Gesammtwohl aus dem Auge verlieren und selbst des Schreckens sich zu bedienen keinen Anstand nehmen, wenn es gilt, entgegengesetzte Parteirichtungen zu bekämpfen. Hat aber erst ein Volk unter dem Drucke sich selbst wiedergefunden, ist erst der nationale Genius wieder auferstanden, um alle seine Söhne in geschlossener Einheit um die nationale Fahne zu schaaren, dann hat der Schrecken seine Macht verloren, und alle Mittel, die er zu seiner Erhaltung anwendet, dienen nur dazu, um seine Ohnmacht und seinen bösen Willen klarer aufzudecken. Das Volk blickt dann scharfen Auges auf jeden Schritt der Regierung, und jede Gewalt, die in irgend einem Winkel des Landes von einem muthwilligen Beamten begangen wird, verbreitet auch ohne Presse in Blitzesschnelle sich durch's Land, nimmt auf ihrem Laufe von Mund zu Mund stets grössere Dimensionen an, und wird als Attentat auf das Herz des ganzen Volkes empfunden.

Nur wenige Tage nach dem 8. April konnte es der Militärherrschaft scheinen, als ob sie den neu erwachten Geist wieder ins Grab gelegt hätte. Kaum aber hatte das Volk von seiner ersten Erschütterung sich erholt, als es seinen eigenthümlichen religiös-nationalen Widerstand nur desto kräftiger wieder aufnahm. Vergebens verfolgten die Soldaten willkürlich alle äusseren Abzeichen der nationalen Einmüthigkeit und der innern Unzufriedenheit; vergebens erliessen die Polizei- und Militärbehörden Verbote, welche das willkürliche Verfahren des Militärs nachträglich legalisiren sollten. War der Trauerrand am Cylinderhut verboten, so trat die Konfederatka an seine Stelle; wurde diese untersagt, setzte man die Kosciuszkomütze, die Ulanka und endlich die einfache schwarze Mütze auf den Kopf. Das Volk war erfinderisch in der Auswahl seiner Abzeichen, und die Behörden hinkten mit ihren Verboten jeder neuen Erfindung nach, bis sie endlich jedes Kleid von ungewöhnlichem Schnitt und greller Farbe, jede möglicher Weise noch „zu erfindende" Kopfbedeckung u. s. w. kategorisch zu verbieten und sich dem Hohne auszusetzen gezwungen waren.

Die Regierung sah das ganze Volk gegen sich in Verschwörung, jeder Soldat auf der Strasse witterte einen Dolch in jedem Spazierstock und einen Revolver unter jedem Schnurrock, einen Aufstand in der Kurzweil der Kinder, die im Sächsischen Garten „Polen und Russen" spielten. Und nun gar erst die national-religiösen Lieder, die in den Kirchen aller Confessionen aus tausend Kehlen um Vaterland und Freiheit riefen, die Wallfahrten und Ablässe, welche alle Stände zusammenführten und verbrüderten, die patriotischen Reden auf den Kanzeln aller Bekenntnisse, — das Alles blitzte den Handhabern der Militärgewalt wie Millionen von Bajonetten in die Augen. Gegen einen solchen Aufstand ohne Waffen Gewalt anwenden, war nicht möglich, ohne jeden Tag neues Blutvergiessen anzurichten, denn das Volk war beständig opferbereit. Gegen eine solche offene Verschwörung nächtliche Haussuchungen auf's Gerathewohl, willkürliche Verhaftungen und Deportationen ohne Richterspruch in's Werk setzen, das Recht der persönlichen Freiheit auf's Formloseste missachten, war das beste Mittel, um die Volksaufregung zu steigern, den Druck der Fremdherrschaft desto fühlbarer, die Trennung zwischen Militär- und Civilgewalt desto offener und den Ausdruck der Gebete um Freiheit und Vaterland desto inniger zu machen. Gesetzliche Formen aber einzuführen, der Willkür des Volkes eben so wohl wie der Militärbehörden die Herrschaft des Gesetzes gegenüber zu stellen, dazu bedurfte es grösserer Fähigkeiten und gesetzlicheren Sinnes als die militärischen Statthalter Polens und ihre Rathgeber aus der Nikolaus'schen Schule besassen. Was den Statthalter Gortschakow betrifft, so haben unsere Leser wohl aus dem Vorangegangenen die Ueberzeugung gewonnen, dass der unglückliche Vertheidiger Sebastopols selbst in ruhigen Zeiten der Regierungslast nicht gewachsen war. Er unterschied sich von den meisten russischen Generalen nicht etwa durch höhere Bildung, sondern durch Ehrlichkeit und eine gewisse Weichheit des Charakters, die sich fremden Einflüssen ganz hinzugeben liebt. Auch in Petersburg machte sich bald nach dem Ausbruch der polnischen Bewegung die Ueberzeugung von seiner Unfähigkeit geltend, und daher wurden ihm, wie schon erwähnt, mit Ueberbringung der Reformverheissungen der Staatsrath Platonow, General Chrulew und andere Militärs als Beirath beigegeben, denen insbesondere die Thaten des 8. April zu verdanken waren. Wie diese Herren die neuen Institutionen einzuführen versprachen, davon gaben sie bald folgendes wenig ermuthigende Beispiel.

Nach Auflösung der Warschauer Bürgerdelegation wurde aus den Mitgliedern derselben auf Befehl des Kaisers ein provisorischer Municipalrath eingesetzt, welcher bis zur Einführung gewählter Stadträthe den städtischen Angelegenheiten vorstehen sollte. Am 5. und 6. April hatte der neue Rath sich konstituirt und seine Geschäftsordnung festgesetzt. Am 9. April wurde seine Sitzung aufgehoben, am 13. wurde er wieder berufen und eine Organisation ihm oktroyirt, wonach neben vielen andern Beschränkungen die Zusammenberufung des Stadtraths, so wie die Festsetzung der Tagesordnung ausschliesslich von dem Befinden des von der Regierung ernannten Stadtpräsidenten abhängig gemacht und dem Municipalrath das Antragsrecht aufs Entschiedenste abgesprochen wurde. Natürlich waren hiermit die Befugnisse des Stadtrathes vollständig illusorisch geworden, und dieser legte in Folge dessen sein Amt nieder. Der Direktor der Commission des Innern, General Gecewitsch, erklärte zwar bei der Audienz des Stadtraths dessen Beschwerde für gerechtfertigt, gestand jedoch zugleich sein Unvermögen ein, auf den Statthalter umstimmend einzuwirken, auf welchen andere Personen ihren Einfluss übten.

So viel über Gortschakow und sein Kabinet. Ueber seinen Nachfolger, den Kriegsminister Suchozanet, ist es, um mit dem römischen Satyriker zu sprechen, schwer, keine Satyre zu schreiben. Bei seinem ersten Erscheinen in den Strassen Warschau's befahl er selbst, die Mützen vor ihm zu ziehen, und stellte persönlich einen Ungar seiner Nationaltracht wegen zu Rede. Als er die zu ihm befohlene Deputation der Kaufmannschaft empfing, stellte er ein Mitglied derselben, welches zufällig ein Bein vor das andere gesetzt hatte, militärisch zurecht, indem er ihm die kriegsministerielle

Ordre: „Ruki paszwam" (die Hände an der Hosennaht!) einschärfte und richtete dann an die Vertreter des Handels folgende denkwürdige Worte: „Wo Ruhe ist, da ist Geschäft, wo Geschäft, da ist Geld, und wo Geld, da ist die wahre Freiheit."

Das sollte der Pacificator Polens werden! So wählte man in Petersburg die Männer der Situation!

Suchozanet's Amtsantritt änderte in der Regierung Nichts weiter, als dass sie von nun an stets lächerlicher wurde. Seinem gesetzgeberischen Geiste verdankt Polen den schönsten Theil der oben erwähnten Vorschriften über Kleiderschnitt und Farbe, aber auch die Anhäufung ungesetzlicher Verschickungen, die endlich im Verein mit seinem hoffärtigen Benehmen gegen den Markgrafen Wielopolski einen unheilbaren Riss zwischen dem Letzteren und dem Kriegsminister und die Entsendung eines neuen Statthalters aus Petersburg zur Folge hatten. Wielopolski war in der Regierung der Einzige, der von Zeit zu Zeit einen Ansatz nahm, um den Civilbehörden und speciell der Civiljustiz die ihr gebührende Stellung zu verschaffen und die öffentliche Ordnung ihnen anzuvertrauen. Aber um endlich einen gesetzlich geregelten Zustand herbeizuführen, dazu war grösseres Vertrauen im Volke, geringere persönliche Reizbarkeit und vor Allem eine höhere Achtung des Menschengeistes nöthig, als der Markgraf besass, der in seinen staatstheoretischen Phrasen von der „auf sich selbst beruhenden öffentlichen Ordnung" ein englischer Staatsmann, in der Praxis ein russischer General war, der nicht die leiseste Opposition duldet.

Den ersten Versuch, eine politische Civiljustiz wieder herzustellen, machte Wielopolski mit dem Aufruhrgesetz vom 8. April. Aber wir haben bereits angedeutet, welche Anwendung dieses Gesetz fand. Wir sehen davon ab, dass der Marquis seiner Aufruhrakte, auf die er so stolz that, eine rückwirkende Kraft verlieh und demnach die am 8. April bei der Zusammenrottung auf dem Schlossplatze und auch von den Strassen her geradezu aufgefangenen Personen der Strenge jenes erst am 9. proklamirten Gesetzes unterstellte: in den gegebenen Verhältnissen war dies vielleicht eine Wohlthat, da hierdurch einige hundert Menschen der Willkür der Militärgerichte entzogen wurden. Dagegen ist es wohl eine in der Geschichte der modernen Justiz einzig dastehende Abnormität, dass das freisprechende Urtheil des ausserordentlichen Gerichtshofes, welches auf völlige Unmöglichkeit der Ermittelung eines Thatbestandes sich stützte, zunächst ins s. g. diplomatische Bureau wandern, und dort nebst dem ganzen dazu gehörigen Aktenstosse ins Russische übersetzt werden musste, um nach mehreren Wochen dem Statthalter vorgelegt zu werden, welcher seinerseits dem Staatsprokurator die Appellation anbefahl. Während dieser Procedur sassen die Gefangenen Monate lang in den Kasematten der Festung Modlin. Anstatt ferner selbst den Gang einer Untersuchung veröffentlichen zu lassen, welche das ganze Land aufs innigste interessirte, liess der Markgraf auf diejenigen Beamten fahnden, welche das für die Gesetzlichkeit der Exekutivbehörden freilich nicht sehr schmeichelhafte Ergebniss der Untersuchung dem Krakauer „Czas" zugesandt hatten, und dekretirte in Folge dessen so manche Amtsentsetzung „im Interesse des Dienstes", während die Zahl der Fälle im Lande in die Hunderte lief, in denen Personen von irgend einem Offizier willkürlich eingezogen wurden, ohne vor ihren Richter gestellt zu werden, eben so willkürlich wieder freigelassen oder nach irgend einer russischen Festung verwiesen wurden, trotzdem Wielopolski bei Uebernahme des Justizministeriums dem Lande emphatisch den Fortschritt angekündigt hatte, dass fortan alle Strafen für politische Vergehen nur von Civilrichtern verhängt und nur im Königreich selbst abgebüsst werden sollen. Es bedurfte erst des bei dem Markgrafen stets am stärksten wirkenden Hebels der persönlichen Gereiztheit gegen den Statthalter Suchozanet, um aus einem solchen Falle willkürlicher Verschickung eines Beamten nach einer russischen Festung eine Kabinetsfrage für sein Verbleiben im Amte zu machen.

Wenn Wielopolski als Justizminister Ungesetzlichkeiten der vom Statthalter geleiteten Militärbehörden stillschweigend duldete, so verhielt er sich um so aktiver, doch nicht weniger repressiv als Chef des Kultus- und Unterrichtsministeriums. Die Confiscationen der ausländischen Berichte über die Vorgänge im Lande waren unzählig; die inländische Presse, die nach dem 27. Februar ein wenig zu sprechen anfing, wurde wieder stumm gemacht; amtliche Berichtigungen der in den confiscirten ausländischen Zeitungen gebrachten Darstellungen heimischer Vorgänge wurden, obwohl sie jedes Gefühl für Wahrheit empörten, den inländischen Tagesblättern aufgedrängt und hatten nur den Vortheil, dass sie das Publicum mit dem Inhalt der auswärtigen Nachrichten über die heimathlichen Angelegenheiten bekannt machten; was irgendwo im Auslande gegen Polen und seine Wünsche gesprochen oder geschrieben wurde, das musste die Warschauer Presse auf höheren Befehl wiederholen; den Berichterstattern für ausländische Zeitungen wurde mit strenger Verantwortlichkeit gedroht; der Schriftsteller Szymanowski, der solcher Correspondenzen verdächtig war, wurde — nicht etwa vor Gericht gestellt, sondern polizeilich zum Aufenthalt in einem entlegenen Städtchen verurtheilt; der allgemein geachtete, als Alterthumsforscher verdienstvolle Archivist Wojcicki wahrscheinlich wegen eines ähnlichen Verdachtes „im Interesse des Dienstes" entlassen. Merkwürdigerweise traf diese Massregel einen Mann, der das Unglück hatte, einmal bei Gelegenheit des skandalösen Wielopolskischen Prozesses wegen der Swidzinskischen Bibliothek gegen den Marquis geschrieben zu haben, und das Motiv der Privatrache lag hier zu nahe, als dass es dem Minister nicht untergelegt werden sollte. In Massregelungen der Geistlichkeit wetteiferten der Minister und der Statthalter mit einander, jener durch Versetzungen, dieser durch Deportationen, während mir kein Fall bekannt ist, dass auf Beschwerden der Geistlichkeit wegen Kirchenentweihungen durch militärische Uebergriffe, wie in Mlawa und anderswo, vom Kultusminister eine Untersuchung angeordnet, geschweige denn Genugthuung erwirkt worden wäre.

Mit gleicher Rigorosität verfuhr der Markgraf gegen die öffentlichen Schulen. Um die Verwahrlosung dieser Institute und ihren vorpestalozzischen Zustand mit einem Federstrich zu zeichnen, genügt die sprachliche Bemerkung, dass die in den Schulstuben angewendete Ruthe oder Knute in der pädagogischen Sprache des Königreichs Polen „Disciplin" (dyscyplina) genannt wird. Ich hoffe, die Leser werden an diesem einen Worte sich bereits in den russisch-polnischen Lehranstalten vollständig orientirt haben. Beiläufig dürfte im Gegensatz zu jenem russischen Instrumente und dem ihm anklebenden System daran erinnert werden, dass die polnischen Schulen vor 1830 den derzeitigen preussischen in Nichts nachstanden.

Wer nun von uns im Jahre 1848 auf einer deutschen Schulbank sass, wird sich wohl noch erinnern, dass die politische Bewegung jenes Jahres auch in die Gymnasien einzudringen versuchte und manche Ungehörigkeiten hervorrief, die jedoch von milder und kundiger pädagogischer Hand leicht wieder eingerenkt wurden. Kein Wunder also, wenn auch in Polen die Freiheitsluft des Jahres 1861 den mittelalterlichen Staub und die russische Korruption wegzublasen anfing; kein Wunder, wenn auch ernste Auflehnungen gegen die antinationale „Disciplin" nicht ausblieben in denjenigen Schulen, welche nationale Feinde oder Verräther, oder auch geistig verkommene Individuen zu Leitern und Lehrern hatten.

Es war schwierig, ohne die Hilfe geschickter Pädagogen alle diese Unbotmässigkeiten ins rechte Geleise zu bringen, aber hart war's, dass das Unterrichtsministerium ganze Klassen aufhob, ehe noch gelindere Mittel versucht waren; noch härter war's, dass schon im Juni alle Gymnasien und Realschulen bis auf Weiteres geschlossen und die Jugend geradezu der politischen Agitation und Provokation überliefert wurde, da die Wiedereröffnung der Schulen bis zum Februar 1862 auf sich warten liess; noch härter endlich war's, und ein Schrei des Entsetzens ging durch's Land, als der Unterrichtsminister bekannt machte, dass die jugendlichen Unruhstifter, welche einen Zaun an einem Gymnasium vernichteten, dem Kriminalgericht übergeben worden seien. Das niedere Volk sah in diesen kindischen Demonstranten politische Opfer, und in dem Kultusminister einen Feind seiner eigenen Nation.

Unter solchen unaufhörlichen Provokationen nahmen die Demonstrationen im Lande zu, die Leidenschaften erhitzten sich und die Aktionspartei wagte sich mit ihren nationalen Ansprüchen, sowie mit Andeutungen ihrer aufständischen Absichten immer weiter heraus. Die geheime Zeitschrift „Strazniza" (Wache), deren erste Nummern in langen Zwischenräumen etwa im Juli sich zu zeigen anfingen, begann damit, die Organisation in kleinen Kreisen anzuempfehlen, vermittelst deren mit Leichtigkeit die Parole des Tages verbreitet werden könnte; sie eröffnete in weiter Ferne die Aussicht auf einen Aufstand, warnte jedoch vor Provokationsversuchen verdächtiger Agenten; sie forderte die verschiedenen Stände zur Erhaltung der neugeschaffenen Einheit auf, ermahnte das Volk, sich an Leib und Geist zu sammeln und zu bilden, den Ernst der Zeit zu erfassen, dem Luxus zu entsagen und den Ueberfluss für nationale Zwecke aufzusparen; sie erinnerte endlich auch an den Bruderstamm in Litthauen und forderte Fortsetzung derjenigen Demonstrationen, welche einen bestimmten Gedanken aussprachen, namentlich die Auffrischung nationaler Gedenktage, doch sollten unnütze Opfer des Lebens und der Freiheit gemieden und der Regierung keine Veranlassung zu gerechtfertigten Gewaltmassregeln gegeben werden.

Der 12. August ist der Jahrestag der Vereinigung Polens mit Litthauen, und dieser Tag sollte von den beiden Volksstämmen mit grösster Ostentation gefeiert werden. Es war dies die erste Demonstration, welche über die Grenzen des Congressreichs hinauszielte und eine nationale Forderung aussprach, welche zur Zeit von den Besonnenern gern auf bessere Zeiten zurückgestellt werden mochte.

Es war dies auch die erste Demonstration, welche eine gewisse Organisation durch die grösseren Städte Polens und Litthauens zugleich voraussetzte. Zu diesem Zwecke wurden geheime Flugblätter ausgestreut, und die Warschauer Polizei konnte nicht einmal ihre Anheftung an die Strassenecken verhindern. Gegen alle diese Vorbereitungen verhielt sich die Regierung bis zum späten Abend des 11. August passiv. Ob sie erst so spät von ihren Agenten das erfuhr, was das ganze Volk längst wusste, ob der bureaukratische Weg die Verzögerung herbeiführte, oder ob erst von Petersburg Instructionen eingeholt werden mussten, lässt sich diesmal wie in vielen andern von nun ab stets häufiger sich wiederholenden ähnlichen Fällen nicht entscheiden. Nachdem alle Anordnungen für das Vereinigungsfest, wie Schliessung der Läden, solenne Gottesdienste, Ablegung der Trauer und Anlegung heller Festkleider, Illumination etc., von der

Aktionspartei getroffen waren, erschien eine Bekanntmachung des Statthalters, welche den Theilnehmern an diesen Demonstrationen die strengste Verantwortlichkeit androhte.

Trotzdem wurde das Fest in allen Kirchen Warschau's begangen, auf den Strassen wogten die Massen in Feierkleidern und bewegten sich spazierend zwischen den zur Drohung aufgestellten Kanonen, alle Läden waren geschlossen, mit dem Anbruch des Abends alle Fenster glänzend illuminirt, und die Polizei, die nicht wusste, wohin sie ihr Auge erst richten sollte, verhaftete einige junge Leute für — blaue Halskravatten. Mit bald grösserem, bald geringerem Aufsehen wurde der 12. August in den meisten Städten Polens und Litthauens begangen.

Für Polen war dies der letzte Stoss, den Suchozanet der Autorität versetzte, da er Befehle gab, denen Nachdruck zu verleihen er ausser Stande war. Bald darauf trat Graf Lambert das Statthalteramt an. Die Vereinigung Polens mit Litthauen aber war von nun ab eine neue nationale Forderung, die der Bewegung eine neue Richtung gab. Diese Forderung war verfrüht im Sinne derjenigen Partei, welche vorerst eine innere Reorganisation des Congressreiches wünschte, doch diese Partei war von der Regierung aller gesetzlichen Mittel beraubt, durch welche sie auf das Volk hätte wirken können, da ihre gemässigtsten Wünsche noch immer der Erfüllung harrten. Vertrauen aber zu einer Regierung predigen, welche mit Willkür regierte, hiesse sich selbst im Volke verdächtigen, und ich erinnere wiederholt an die furchtbare Macht des Verdachtes in einem Lande, das keine öffentlichen Organe hat. Die Aktionspartei aber hatte konsequent gehandelt und die Sympathien des Volkes mit sich fortgerissen, welches jedoch an den Aufstand immer noch nicht dachte.

Wir haben hier einen beinahe fünfmonatlichen Zeitraum flüchtig durchlaufen, um die Repressivmassregeln zusammenzustellen, welche von der gereizten Stimmung Zeugniss ablegten, in die sich die Regierung unter den Statthaltern Gortschakow und Suchozanet immer tiefer hinein begab, je weniger es ihr gelang, durch Gewaltmassregeln der Bewegung Meister zu werden. Was ist denn nun aber aus den reorganisatorischen Arbeiten geworden, welche die „neue Aera des Glückes" für die polnische Nation eröffnen sollten?

Diese Frage warf während des Sommers 1861 jeder Pole auf, der die Bewegung der Geister gern, ehe es zu spät war, aus den Strassen und Kirchen in die Räume und Formen gesetzlicher Arbeit hätte eintreten sehen. Kein Vernünftiger zweifelte daran, dass Wielopolski den eifrigsten Willen und die thätigste Anstrengung seiner eisernen Gesundheit an die Einführung der Reformen setzte; er arbeitete, das wusste man, Tag und Nacht. Aber wehe dem Staatswesen, dessen Fortschritt auf den Schultern e i n e s Mannes ruht, während Alles rings umher im alten Schlendrian verbleibt und das Oberhaupt (in diesem Falle war's der Statthalter, der die doppelte Stellung des Ministerpräsidenten und der monarchischen Spitze vertritt) die Zügel straff anzieht, um den Fortschritt zurückzuhalten.

In diese Lage war Wielopolski durch die mit dem 8. April eingetretene Wendung der Dinge gerathen. Vergebens bemühte er sich, angesehene Polen von unabhängiger Stellung zur Uebernahme einzelner Ministerien zu bewegen. Wer noch seinen nationalen Ruf und die Unbeflecktheit seines Charakters einzusetzen hatte, mochte den kühnen Wurf nicht wagen, in eine Regierung einzutreten, die das Land dem russischen Militärregiment überliess, mochte nicht von Generalen, wie Chrulew, Melnikow u. A. abhängig sein, mochte nicht die wenig versprechende Mühe übernehmen, diesen

Herren die ersten Begriffe von Staatsverwaltung beizubringen und sie dahin zu erziehen, dass sie nicht jede nationale Bewegung des Volkes als „Bund" (Verschwörung) und jede geringfügige Demonstration als Aufstand betrachten, mochte nicht den Sisyphusstein der Gesetzlichkeit mit schwerer Mühe heraufrollen, um ihn dann vom Fusse des ersten besten Offiziers heruntergewälzt zu sehen. Wer noch etwas in der Achtung seiner Nation zu verlieren hatte, stellte, um in die Regierung eintreten zu können, Bedingungen, die ihm einen gesetzlichen Boden für seine Wirksamkeit sichern sollten, die ihm aber vom Beirath des Statthalters nicht bewilligt wurden.

Besonders lange wurde mit dem Grafen Zamoyski unterhandelt, dessen Popularität der Civilregierung in der That eine unberechenbare Stärke auf einige Zeit hätte verleihen können. Aber der redliche Graf kannte das Ausmass seiner Fähigkeiten zu genau, um nicht zu wissen, dass er der Situation nicht gewachsen war. Wären die verliehenen Institutionen der Art, dass sie die Entwicklungsfähigkeit in sich selbst trugen, so hätte er sich allenfalls den Einfluss zutrauen können, die Kräfte des ganzen Volkes in die ruhige Bahn gesetzlicher Thätigkeit einzuführen und den Fortschritt auf dieser Bahn nach oben wie nach unten hin vor Angriffen zu sichern. Aber die Institutionen hatten diese Entwicklungsfähigkeit nicht; um sie zu gewinnen, hätten sie nicht etwa erweitert, sondern umgestaltet werden müssen. Dies wiederum hätte in den gegebenen Verhältnissen einzig und allein aus der Initiative des Monarchen, resp. des Petersburger Kabinets und seiner Verbündeten in der polnischen Regierung hervorgehen müssen, und um gegen eine solche Koalition anzukämpfen, dazu bedurfte es der stolzen Zuversichtlichkeit eines Wielopolski. Graf Zamoyski oder wer sonst von den einflussreicheren Persönlichkeiten des Landes in's Amt getreten wäre, hätte dann besten Falls dem aussergesetzlichen Drängen des Volkes nach Verbesserung seiner Lage einen Damm gesetzt, hätte der russischen Regierung den Abglanz seines Liberalismus vor Europa geliehen, um, wenn er unbequem wurde, wieder aus der Regierung entfernt zu werden, ohne dem Lande einen wesentlichen Dienst geleistet zu haben, oder um freiwillig aus dem Amte zu treten, wenn seinen Wünschen von oben her nicht genügt würde. Das wäre der beste Fall gewesen. Es hätte aber auch kommen können, dass der beliebteste Volksmann im Augenblicke seines Eintrittes in die Regierung, die kein Vertrauen genoss, weil sie ihr System noch in Nichts geändert hatte, im Augenblicke seiner Vereinigung mit Wielopolski, der die Mitschuld an den traurigen Tagen des April trug, — dass der beliebteste Volksmann, sage ich, in diesem Augenblicke sein Vertrauen und seinen Einfluss einbüsste, der Bewegung nicht Herr werden konnte und sich vor der öffentlichen Meinung für immer diskreditirte, ohne vor dem Lande sich rechtfertigen zu können. Wir haben aber bereits öfter darauf hingewiesen, wie schwer die öffentliche Meinung in's Gewicht fällt in einem unter Fremdherrschaft, ohne Presse und ohne Oeffentlichkeit verwalteten Staatswesen, und wie in einem solchen Niemand, und stände er noch so hoch, vor der Gefahr gesichert ist, als Verräther verdächtigt zu werden und den Fluch des Landes auf sich zu laden.

Höchst charakteristisch für die in Polen bestehenden Verhältnisse ist es, dass Wielopolski oder seine Anhänger zu einem ausländischen Blatte, dem in Posen erscheinenden „Dziennik Poznanski", ihre Zuflucht nehmen mussten, um dort in anonymen Artikeln die Kapacitäten des Königreiches zu gemeinschaftlicher Thätigkeit mit dem Minister Wielopolski aufzufordern. Der oberste Chef der Censur musste seine eigenen Gedanken einem fremden Organe anvertrauen!

So blieben denn alle Unterhandlungen mit den angesehensten Namen des Landes trotz der mannigfachen angesetzten Hebel fruchtlos, und Wielopolski war nach wie vor der Einzige in der Regierung, der die Absicht hatte, die angekündigten Reformen wirklich ins Leben zu führen. Doch seine Energie schreckte auch vor dieser dornenvollen und für seinen Ruf mit jedem Tage gefährlicheren Bahn nicht zurück. Er amalgamirte sich vielmehr mit so manchem reaktionären Elemente in der Regierung, um wenigstens hier festen Fuss zu fassen. Er gab fortwährend von seinen Ansprüchen und Plänen einen unrettbaren Theil auf, um den andern zu erhalten; alle die oben angeführten Gesetzlosigkeiten, die der Markgraf in seinen Ressorts duldete oder auf seine Rechnung nahm, waren eben so viele Concessionen an die Militär-Regierung, die er seinem Verbleiben im Amte zum Opfer brachte, und so gerieth er schliesslich in die Schlinge, aus der kein anderer Ausweg war, als die gewaltsame Unterdrückung der Volksbewegung selbst anzuführen, um dann, wie er hoffte, unter Kirchhofsruhe ungestört arbeiten zu können.

Während nun die ruhigeren und besonneneren Elemente des Landes mit Ungeduld des ersten Schrittes zur Verwirklichung der Concessionen harrten, welche Minister Gortschakow in seiner Aprilnote bereits als eingeführt betrachtete, liess sich immer noch die Frage nicht mit Zuversicht bejahen, ob denn dieselbe Regierung, welche dem Militärregiment so hold war, im Ernst an die Einführung der neuen Landesinstitutionen denken möge. Ende März waren nach einmonatlichem Warten die Reformen angekündigt, und erst am 18. Mai erschien in den öffentlichen Blättern die amtliche Anzeige, dass die „vorbereitenden Arbeiten" behufs genauerer Entwicklung der verliehenen Reformen beendet, und die betreffenden Projekte durch Platonow und Karnicki nach Petersburg überbracht werden sollten. Platonow und Karnicki, die Schöpfer der unter dem ersten Eindruck der Februarbewegung und der sie begleitenden Nachgiebigkeit der Regierung ausgearbeiteten und dennoch so kärglich ausgefallenen Reformprojekte, sollten nun im kaiserlichen Kabinet die Fürsprecher der polnischen Wünsche sein! Wahrlich keine tröstende Aussicht für ein Volk, das dreissig Jahre lang sich daran gewöhnt hatte, in seinen Beamten seine Bedrücker zu sehen. Um der Form zu genügen, hatte zwar die Regierung einigen angesehenen Privatpersonen die Projekte zur Prüfung vorgelegt und ihre Ansichten zu Protokoll genommen. Dies Alles aber war mit so ängstlicher Heimlichkeit geschehen, dass man den berufenen Vertrauensmännern nicht einmal hatte gestatten wollen, zur genaueren Informirung Abschriften der Projekte mit sich nach Hause zu nehmen. Dass die Presse in alle diese Vorarbeiten kein Wort dreinzureden hatte, versteht sich schon deshalb von selbst, da ihr ja kein Material zur Besprechung vorgelegt war. Man wünschte die Theilnahme der Intelligenz an den Regierungsarbeiten und konnte sich doch nicht entschliessen, ihr hierzu einen offenen Weg zu bahnen. Unter sothanen Verhältnissen war die Berufung zu vertraulichen Konferenzen für die Berufenen mehr Last als Ehre, da sie gewissermassen eine Mitverantwortlichkeit übernahmen für alle eventuellen Endbeschlüsse der Regierung, ohne die Hoffnung, auf dieselbe einen wesentlichen Einfluss üben zu können. Für die Regierung aber war die Form genügend, da nunmehr dem Kaiser die Projekte mit der Bemerkung übersandt werden konnten, dass sie von Vertrauensmännern des Landes erwogen worden seien.

In Petersburg liess man sich wieder einen Monat Zeit, ehe man das kaiserliche Siegel unter die Projekte zu setzen für gut fand. Inzwischen drängte aber die brennendste aller socialen Fragen wenigstens zu einem vorläufigen Abschluss.

Dies war die Bauern-Angelegenheit, die durch Rescripte und Contrerescripte so wie durch Wühlereien allerlei Art täglich einen bedrohlichern Charakter annahm.

Die Bauern, die wegen ihrer ziemlich allgemeinen Theilnahmlosigkeit an den nationalen Demonstrationen von den sogenannten Sicherheitsbehörden gewissermassen verzärtelt, an vielen Stellen durch Emissäre im Sinne der Regierung bearbeitet und gegen die Gutsherren gereizt wurden, fingen an, den Frohndienst zu verweigern und die Felder unbearbeitet zu lassen; in manchen Gegenden, in welchen die Bauern noch die Erinnerung an erfahrene Unbilden bewahrten, mussten die Besitzer durch Flucht oder Sicherheitswachen vor Feindseligkeiten sich schützen. Ehe aber ein definitives Bauerngesetz vorbereitet, durch den erst noch zu bildenden und dann zu berufenden Staatsrath discutirt und beschlossen, in Petersburg bestätigt, in Warschau publicirt und im Lande eingeführt wurde, konnte bei dem Schneckengang des russischen Beamtenwesens das Land in die höchste Gefahr gerathen. Es war daher eine grosse Wohlthat für's Land, die besonders dem hierzu nach Auflösung des landwirthschaftlichen Vereins berufenen Spezialcomité und dem Markgrafen Wielopolski zu verdanken ist, dass schon im Mai ein provisorisches Bauerngesetz erschien, welches die vorläufigen Normen für die freiwillige Zinsverwandlung vom 1. Oktober ab festsetzte, bis zu diesem Termine aber die Zwangsarbeit aufrecht erhielt. Die Ausführung dieses Gesetzes begegnete vielen Schwierigkeiten bei den enttäuschten Bauern, welche, Dank den Wühlereien vieler freiwillig handelnder Offiziere, schon von gänzlicher Aufhebung des Frohndienstes ohne jede Entschädigung träumten und in Folge dessen stellenweise durch militärische Exekution zur Erfüllung ihrer Pflichten gezwungen werden mussten.

Den 18. Juni erschienen endlich die bestätigten Reformprojekte in den Zeitungen. Sie enthielten den Wahlcensus und Wahlmodus für die Stadt-, Kreis- und Gubernialräthe, die Attributionen derselben so wie diejenigen des vom Kaiser zu ernennenden Staatsrathes, welcher aus besoldeten Staatsräthen für die Sektionen und Ausschüsse und aus berufenen lebenslänglichen oder jährigen Mitgliedern des Staatsrathes für die Plenarberathungen zusammengesetzt sein sollte. — Dass die neuen Institutionen den konstitutionellen Weg auch nicht im Entferntesten anzubahnen geeignet waren, haben wir bereits erwähnt. Zum Ueberfluss verbietet noch eine Bestimmung über den Staatsrath die Einbringung von Petitionen, welche eine Aenderung des Staatsorganismus oder der Regierungsgrundsätze bezwecken. Nur einige Paragraphen aus den bezüglichen mögen hier in wortgetreuer Uebersetzung folgen, um die bureaukratische, die Publicität vor Allem scheuende, Aengstlichkeit zu kennzeichnen, welche jene Entwürfe diktirte. Art. 13 des Ediktes über die Stadträthe lautet: „Die Sitzungen des Stadtrathes werden bei geschlossenen Thüren abgehalten. Nur Eine öffentliche Sitzung k a n n gegen Erlaubniss des Statthalters jährlich stattfinden. In dieser Sitzung erstattet der Magistrat (der ausschliesslich von der Regierung ernannte Stadtpräsident nebst den Stadtschöffen) Bericht über die städtische Verwaltung des abgelaufenen Jahres. Der Bericht des Magistrats darf (!) durch den Druck veröffentlicht werden."

In Artikel 48 des Ukases über den Staatsrath heisst es:

„Die Protokolle und der Rapport des Staatsrathes (an den Kaiser) k ö n n e n auf Unsere kaiserliche Ermächtigung g a n z oder theilweise veröffentlicht werden."

Art. 51: „Akten und überhaupt Papiere, welche dem Staatsrath zur Prüfung vorliegen, dürfen ausserhalb des Amtslokals Niemandem mitgetheilt werden, doch steht einem jeden Mitgliede das Recht zu, in den Büreaus des Staatsrathes Akten zum Verlesen zu verlangen."

Wir wissen, wie lang in jedem Staate und insbesondere in Russland der Weg vom Gesetz bis zur vollständigen Ausführung ist; wenn nun aber schon das Gesetz selbst so engbrüstig war, was konnten da die Polen von den Reformen Heilbringendes erwarten?

Wie um die Aermlichkeit der neuen Landesorganisation desto greller zu beleuchten, erschienen fast gleichzeitig in den polnischen Blättern von Amtswegen die vom 12. und 24. April datirten kaiserlichen Manifeste an die Finnländer, welche in den versöhnlichsten Ausdrücken die Vorbereitungen zur Berufung eines Landtages anordneten. Polen konnte aus dieser Bevorzugung Finnlands keinen Beweis der ihm zugewendeten kaiserlichen Milde erkennen. Trotz alledem wurde sofort nach Erlass der erwähnten Ukase in Privatkreisen, in den auswärtigen polnischen Organen und, so weit die Schranken der Censur gestatteten, auch in der inländischen Presse die Frage, ob zu den Rathskörpern gewählt, ob Ernennungen in den Staatsrath angenommen werden sollen, lebhaft diskutirt und gegen den Willen der Aktionspartei entschieden bejaht. Die „Gazeta Polska" in Warschau, welche in der Presse den Reigen anzuführen pflegt, so oft ihr zu sprechen erlaubt ist, schrieb zur Zeit einen Artikel, der die friedliche Stimmung der Majorität des Landes zu deutlich abspiegelt, als dass ich nicht einige Stellen desselben hierher setzen sollte. Indem die „Gaz. P." andeutet, dass es Bürgerpflicht sei, das in den gegebenen Verhältnissen Mögliche zu leisten, auch wenn diese den gerechtesten Wünschen des Landes nicht genügen, sagt sie unter Anderem: „Wir haben in der jüngsten Zeit vorzüglich dadurch viel gewonnen, dass wir uns eine grosse, für das Staatswesen wichtige Wahrheit zu eigen machten; es ist dies die Idee, dass die Menschheit, wie einzelne Nationen in langsamem, aber stetem und ausdauerndem Gange auf dem Wege des Fortschrittes fester und gefahrloser wandeln, als vermittelst plötzlicher Stösse, die bisweilen glücklich, oft aber gefahrvoll und fast immer theuer erkauft sind. Diese heut zu Tage nach vielen fieberhaften, aber kurz andauernden Kraftanstrengungen in verschiedenen Richtungen anerkannte Wahrheit müssen wir, wenn jemals, so jetzt auf uns anwenden und einen praktischen Gebrauch von ihr machen .... Völlig sich zurückziehen vom Antheil am thätigen Leben, wäre Versündigung an der Zukunft; die Schwere der Aufgabe aber oder ihr Unverhältniss zu unseren Wünschen vergrössert nur das Verdienst, ohne von der Pflicht zu befreien ... Nur gehend kann man anlangen; stehend zwar kann man nicht leicht fallen, aber auch kein Ziel erreichen. Wir wiederholen es noch einmal: die Bedeutung der neuen Staatseinrichtungen, über welche die Meinungen verschieden sein können, wird grossentheils von denjenigen abhängen, welche berufen sind, sie ins Leben einzuführen."

Wie viel Aenderungen mag dieser Artikel in den Bureaus der Censur erfahren haben, ehe er das Licht der Welt erblickte! Der Markgraf Wielopolski mag wegen Durchlassung solcher Raisonnements nicht wenig Zurechtweisungen vom Statthalter haben hinnehmen müssen. Denn die im Statthalter Suchozanet und seinen Gesinnungsgenossen im polnischen und russischen Kabinet vertretene Reaktion hatte diesmal wie so oft mit der radikalsten Aktionspartei ein und dasselbe Ziel; diesmal galt's, die neuen Reformen zum todten Buchstaben zu machen. Die eine Partei wollte dies durch die Passivität des Volkes, die andere durch die Inaktivität der Regierung erreichen.

Doch das Land war entschlossen, das Gegebene anzunehmen und zu seiner Kräftigung möglichst auszubeuten. Die Mittel zur Hebung des inneren Wohlstandes, welche die

Institutionen bei guter Anwendung an die Hand gaben, sollten dazu dienen, um durch Stärkung des Leibes den Geist zu kräftigen. Nichts lag demnach mehr im Interesse der Regierung, wenn sie das Land beruhigen wollte, als das Versprochene möglichst bald zu geben, mit Benutzung der augenblicklichen Stimmung des Landes, die leicht wieder umschlagen konnte, die Wahlen einzuleiten, die neuen Rathskörper zu berufen und alle Kräfte um die gesetzliche Arbeit zu schaaren. Von alledem haben wir aus Suchozanet's Regierungszeit nur das Eine zu registriren, dass am 17. Juli die vorberathenden ständigen Ausschüsse des Staatsrathes einberufen wurden, die ausschliesslich aus Beamten bestehen. Nur zum Diner desselben Tages waren auch die in Warschau anwesenden Mitglieder des Staatsrathes geladen, bei welcher Gelegenheit der Statthalter in seiner Tischrede die Phrase aus dem Rundschreiben des Ministers Gortschakow über die polnischen Concessionen wiederholte, dass fortan auch ausserhalb der „administrativen Hierarchie" stehenden Bürgern ein bedeutender Antheil an der Landesverwaltung gewährt sei. Erst als Wielopolski seinen Sohn nach Petersburg gesandt hatte, um den Kaiser über die Intentionen Suchozanets aufzuklären, als des Letzteren Entlassung bereits in Petersburg beschlossene Thatsache und Graf Lambert schon unterwegs war, um den Kriegsminister abzulösen, erschien endlich die Instruction der Beamten Betreffs öffentlicher Auslegung der Wahllisten, die am 27. August beginnen sollte.

In fünf Monaten hatte also die Regierung Nichts weiter gethan, als eine Aufruhrakte erlassen, die nicht beobachtet wurde, ein provisorisches Bauerngesetz promulgirt, dem offiziöse Bauernaufreizungen Schwierigkeiten entgegensetzten, und die vorberathenden Ausschüsse des Staatsrathes berufen, von deren Existenz und Wirksamkeit die Eröffnungsrede des Statthalters die einzige Kunde gab.

Die Agitation aber war thätiger als die Regierung. Sie zog ihren Kreis stets weiter über die polnischen Landesgebiete des russischen Reiches, und der neuerwachte nationale Geist kam ihr überall freudig und opferbereit entgegen.

Dies waren die Zustände, zu deren Heilung als neues Experiment Graf Lambert entsendet wurde und die Statthalterschaft in Polen provisorisch übernahm, welche in der Vorgeschichte des Aufstandes den verworrensten Abschnitt bildet, die buntesten Vorgänge und die wunderlichsten Sprünge aufzuweisen hat, obgleich sie noch nicht zwei volle Monate umschliesst.

Graf Lambert war, wie alle hohen Würdenträger in Russland, Militär, doch mehr der Form als dem Wesen nach. Sein Wesen war weich, geschmeidig und zuvorkommend. Er gehörte, wie sein Name schon andeutet, keinem der altrussischen Adelshäuser an, die den Polenhass zu nähren pflegen. Er war ausserdem römisch-katholisch und hatte mit dem polnischen Volke, das er zu verwalten kam, wenigstens ein gemeinsames Band. Der Ruf der Milde und des Liberalismus gingen ihm voraus; der Sieg Wielopolski's, der diesmal die Gesetzlichkeit vertrat, über die Willkür Suchozanet's liess von dem in Folge dessen ernannten neuen Statthalter aufrichtige Einführung der Reformen erwarten, und in der That kam ihm das Volk und er dem Volke mit einem Vertrauen entgegen, dass die s. g. Rothen einige Zeit ganz verblüfft waren und ihre Pläne scheitern sahen.

Das kaiserliche Reskript an den Grafen, das die Stelle eines Manifestes an die Nation vertreten sollte, stellte eine Erweiterung der verheissenen Volksrechte in Aussicht und forderte den neuen Statthalter auf, Männer des öffentlichen Vertrauens zu berufen, um aus ihrem Munde die wahren Wünsche und Bedürfnisse des Volkes zu erfahren und an den Thron zu bringen. Das Volk war, wie wir zum öftern gesehen haben, entschieden entschlossen, seinerseits alles Mögliche zu thun, um auf dem Boden der Gesetzlichkeit die Fortentwicklung seiner Institutionen zu erstreben.

Aber die Opfer der Verhaftungen und Deportationen, die Suchozanet ohne jede gesetzliche Form verhängt hatte, schmachteten noch immer in den Festungen oder in den Strafkompagnien, die polizeilichen Vexationsverordnungen der vorigen Statthalter über Kleidertracht und andere demonstrative und harmlose Kundgebungen boten der politischen Verfolgung noch immer freien Spielraum und stempelten jeden Knaben zum Patrioten, der die viereckige Mütze zur Schau trug. Es lag unverkennbar im Interesse der Regierung, diesen Vexationen ein Ende zu machen, die sich für die Beruhigung des Landes so schlecht bewährt hatten, und so schnell wie möglich die Herrschaft des Gesetzes dadurch wieder herzustellen, dass man es von unausführbaren und belästigenden Polizeiverordnungen befreite. Nicht minder lag es im Interesse der Regierung, wenn sie anders das zerrüttete Vertrauen zu derselben wieder heilen wollte, alle Ungesetzlichkeiten des vorigen Statthalters zu redressiren.

Wir zweifeln nicht, dass Graf Lambert die Absicht hatte, diesen Weg einzuschlagen, wie er's einzelnen Petenten und Deputationen versprach. Das Volk unterliess daher eine beabsichtigte Versammlung vor dem Schlosse, welche um Befreiung der widerrechtlich Gefangenen bitten sollte, und verhielt sich abwartend. Aber nach dem russischen Misstrauenssystem war der neue Statthalter, obgleich ein persönlicher Freund des Kaisers, dennoch nicht ohne Beaufsichtigung gelassen. In seiner Begleitung kam General Gerstenzweig, der für einen Anhänger der Nikolaus'schen Regierungsprincipien galt, und übernahm zugleich die beiden wichtigsten Aemter des General-Kriegsgouverneurs und des Ministers des Innern. Es blühte demnach der Weizen der

Militärpartei, die durch ihre Kriegschefs in der Provinz nach wie vor die Civilbehörden in Unterordnung zu erhalten gewiss war. Als Adjutant des Grafen kam General Kryzanowski, ein Mann voll Herrschsucht und Schlauheit, der nach der obersten Gewalt im Lande strebte, und nach Verhängung des Kriegszustandes und Erlangung des General-Kriegsgubernats plötzlich seine glatte Aalhaut abstreifte. Da war noch von früherher General Chrulew, dessen Grausamkeit und polnischer Nationalhass die Soldatenherrschaft des 8. April eingeleitet hatten. Da war der Staatsrath Platonow, der Gehülfe Timowski's, des indolenten Ministerresidenten für Polen in Petersburg, der Miturheber und Ueberbringer der engherzigen Concessionen mit ihrem kaiserlichen Geleitschreiben, ein fein polirter russischer Staatsmann, an dessen Oberfläche jedoch zu radiren nicht räthlich war. Alle diese und noch andere weniger in der Fronte stehende Herren bildeten eine Koalition gegen den Statthalter und Wielopolski. · Die Fäden dieser Koalition liefen natürlich in Petersburg aus, wohin wir ihnen nicht mehr zu folgen vermögen.

Ein gesetzlich geordneter Zustand, ein geebneter Boden für Einführung der Reformen, eine gemässigte Partei zur Seite des Statthalters und des Markgrafen — das fühlte die Koalition, wäre der Anfang zum Sturz der Militärpartei in ganz Russland, und darum wendete die letztere Alles daran, um das System der Willkür aufrecht zu erhalten. Andererseits hatte aber der Kaiser in seinem Reskript an den Statthalter seinen Willen kundgegeben, dass in Polen im Sinne der Versöhnung regiert werde. So entstand denn, wie immer in Russland, wenn eine Verbesserung eingeführt werden soll, ein stillschweigender Kompromiss zwischen der sogenannten liberalen und der Militärpartei, der eine Missgeburt erzeugte.

Wäre Wielopolski der Mann, der die freie Unterstützung

des Volkes liebte, es wäre ihm unter Lambert ein Leichtes gewesen, die Censur aufzuheben und ein Pressgesetz zu schaffen, das nachträglich dem Staatsrath vorgelegt werden konnte. Dann hätte er eine kräftige Stütze gegen das Militärkabinet eben sowohl wie gegen die Aktionspartei sich geschaffen und die Missbräuche der einen wie die revolutionären Agitationen der andern unmöglich gemacht. Aber Wielopolski fürchtete die Mitregierung des Volkes eben so sehr wie das Militärkabinet. So wurde denn das alte System der persönlichen statt der gesetzlichen Herrschaft beibehalten, die Macht und die Ueberwachung der Ordnung blieben nach wie vor in militärischen Händen, nur die Praxis wurde milder, d. h. die Uebertretung der zur Niederhaltung der Bewegung geschaffenen Verordnungen sollte tolerirt, den demonstrativen Aufzügen in polnischer Nationaltracht, den Gesängen und Andachten durch die Finger gesehen werden, bis der neue Statthalter eine klare Einsicht in die Lage der Dinge gewönne.

Wenn ein solcher Zustand in jedem Lande gefährlich ist, so war er's in Polen um so eher, als die Militärpartei den Missbrauch der dem Strassenpublikum gebotenen Freiheit mit Eifer provocirte, während den ursprünglichen Führern des Volkes die Fäden aus der Hand gerissen wurden, um in die Hände unbesonnener Hitzköpfe überzugehen.

Fast täglich fanden patriotische Gottesdienste in den Kirchen statt, welche das Volk von der Arbeit rissen und der Agitation in die Hände gaben; Katzenmusiken, Scheibenzerschmetterung, Misshandlungen gegen unliebsame oder verdächtige Personen oder gegen solche, welche die Arbeit den Gottesdiensten vorziehen mochten, wurden unter den Augen der Polizei verübt, die in der Regel erst einschritt, wenn die Verletzung der Person und des Eigenthums vorüber war und die Tumultuanten sich entfernt hatten. Nächtlicherweile jedoch verhaftete man die Drucker und Lithographen für Anfertigung von Andachtsplakaten, die auf den Strassen öffentlich und ungestört verkauft wurden. Es war deutlich zu erkennen, dass das niedere Volk von Agents provocateurs verführt, in leidenschaftliche Hitze gerathe und der Bewegung eine gefährliche Wendung zu geben im Begriffe stehe. Bei dem Hochverrathsprozesse, der im Dezember 1862 gegen fünfundsechzig Verschworene aus der geheimen Organisation öffentlich verhandelt wurde, erbot sich ein Vertheidiger, den Beweis zu führen, dass in der Zeit, von der wir hier reden, der Polizeiminister Fedrow Geld unter den Pöbel vertheilte, um ihn zum Strassenunfug aufzumuntern. Der Vorsitzende des Gerichtshofes, ein General, erwiederte hierauf sehr naiv, Fedrow sei schon anderswohin versetzt, könne also nicht zur Verantwortung gezogen werden. Indirekt ist also hier von Amtswegen eingestanden worden, was jeder tiefer Blickende zur Zeit bemerken konnte, dass in diesem Falle wieder einmal die ultrarevolutionäre und die ultrarussische Partei einander in die Hände arbeiteten, um den Einfluss aller Besonnenen zu vernichten. Die Ultrarevolutionären aber bestanden damals, wie schon erwähnt, nur aus den Zöglingen der Kunstschule und einigen Führern, die Mieroslawski's blinde Anhänger waren. Die Studenten der medizinischen Akademie dagegen mussten schon um ihrer Besonnenheit willen Verdächtigungen sich gefallen lassen.

Ueberhaupt theilte sich unter Lambert's Statthalterschaft die revolutionäre Organisation des ganzen Landes, so weit sie zur Zeit verbreitet war, in Schwarze und Rothe, d. i. in solche, welche zunächst das Volk regenerirt und den Aufstand verschoben wünschten, und solche, welche ohne Berechnung der Volkskräfte in die Revolution sich stürzen wollten. Und dennoch bildeten diese beiden Parteien zusammen genommen noch immer nur einen Bruchtheil des Landes und hatten nur in der Jugend und dem von ihr geleiteten Handwerkerstande ihre Wurzeln verbreitet. Der Besitz aber und die Intelligenz rangen mit den kärglichen Mitteln, die ihnen geboten waren, nach Ruhe und Würde des Volkes, und es wäre ihnen trotz aller Hindernisse gelungen, die frühere besonnene Haltung desselben wiederherzustellen, wenn nicht inzwischen das Militärkabinet im Rathe des Statthalters den Sieg davon getragen und den ersten ihm gebotenen Vorwand benutzt hätte, um den längst in Bereitschaft gehaltenen Kriegszustand über das Land zu verhängen, welcher die Einführung der neuen Institutionen wie der Schulreorganisation wieder auf viele Monate zurückschleuderte. Auch Wielopolski, der strengen Massregeln zugethan ist, schien den Kriegszustand nicht ungern zu sehen, wie aus der von ihm verfassten oder wenigstens ihm sehr nahe stehenden Broschüre „Ruch polski etc." (die polnische Bewegung im Jahre 1861) zu entnehmen ist. Er hoffte dann ungestört organisiren zu können, und wusste noch immer nicht, dass Strenge und Gesetz in Russland sich nicht vereinigen können. Die Anschauungen und Absichten des Militärkabinets aber drückten sich am deutlichsten in einer Aeusserung ab, die eines seiner Häupter in einem unbewachten Augenblicke that. „Mit den Rothen", sagte der General, der sein Parteiinteresse nur zu gut verstand, „mit den Rothen werden wir leicht fertig sein, aber die Canaille der Gemässigten (la canaille des modérés) — die ist uns gefährlich."

Er hatte Recht, dieser General, denn die Gemässigten hatten sich vorgenommen, die Regierung beim Wort zu halten und ihr keinen Vorwand zu bieten, um die verliehenen Institutionen ad acta zu legen, so wenig diese auch nur den drängendsten Bedürfnissen des Augenblicks entsprachen.

Aber diese Bemühungen um die Gelegenheit, auf legalem Boden den Kampf mit der Regierung zu führen, wurden den Gemässigten nicht leicht gemacht. Sie hatten nach oben hin gegen die bureaukratische Engherzigkeit zu kämpfen, welche die Selbstthätigkeit des Volkes in den Fesseln einer kindischen Censur eingeschnürt hielt, nach unten hin hatten sie's mit dem Pessimismus der Agitatoren zu thun, welche Nichts mehr fürchteten, als das Volk könnte sich mit leichtwiegenden Verbesserungen abspeisen und einschläfern lassen. Dieser Kampf und der schliessliche Sieg der für's Gesetz einstehenden Majorität traten da zu Tage, wo dem Volke die erste gesetzliche Thätigkeit gewährt wurde, nämlich bei den Wahlen zu den Kreis- und Stadträthen.

Dieser unter beispiellosen Verhältnissen und mit seltener Einmüthigkeit geführte Wahlkampf, so wie die Vernichtung des Sieges durch die Regierung selbst, für die er erfochten war, bilden die interessanteste Episode in dem von uns zum Thema gewählten Zeitabschnitt.

Auf den 23. September war der Anfang der Wahlen zu den lokalen Rathskörpern ausgeschrieben und den Zeitungen anbefohlen worden, zur Bethätigung dieser Bürgerpflicht, die nun nach dreissigjähriger Unterbrechung wieder zum ersten Mal geübt werden sollte, aufzufordern. Es kann nicht geleugnet werden, dass der Presse in der Motivirung ihrer Aufforderungen eine für die herrschenden Verhältnisse ungewöhnliche Freiheit gelassen wurde, vorausgesetzt natürlich, dass sie die principielle Frage, ob überhaupt gewählt werden sollte, bejahte. Aber es ist eben der Fluch der Censur, dass sie selbst der freiesten Meinungsäusserung den Charakter der eigenen Ueberzeugung raubt und den der Inspiration von oben her verleiht. So wie einmal das freie Wort in das Geistesgefängniss der Censur eingetreten ist, und käme es auch ganz unverstümmelt wieder heraus, hat es seine zündende Kraft verloren; es kann bestenfalls belehren, aber nicht überzeugen, aufklären, aber nicht erwärmen, weil es kein Vertrauen mehr erwecken kann.

Gegen die jugendlichen Stürmer aber, welche ihr glühend patriotisches Gefühl der von allen Rücksichten befreiten geheimen Presse anvertrauten, deren aus aufrichtiger Ueberzeugung entsprungenes Wort nicht bloss die volle Wärme einer solchen ausstrahlte, sondern auch durch die gefahrvolle Aufopferung sich dem Volke empfahl, der die geheime Presse ihre Entstehung verdankte, — gegen diese jugendlichen Stürmer, welche mit aller Entschiedenheit den Wahlen selbst thätlich sich zu widersetzen entschlossen waren, konnte nur das freie, das hiess in den gegebenen Verhältnissen, das geheime Wort erfolgreich wirken, und so sah denn das an Seltsamkeiten so reiche Polen auch diese wunderliche Erscheinung, dass der Kampf für die Legalität sich unter der Erde vollziehen musste und nur der siegreiche Ausgang an's Tageslicht treten durfte.

So wie die früher erwähnte Partei der Schwarzen, welche das Königreich Polen durch innere Reorganisation zum Mittelpunkt aller auf die Unabhängigkeit Polens zielenden Bestrebungen erhoben wissen wollte, in geheimen Flugblättern allein zur Ruhe und Sammlung gegenüber den desorganisirenden Strassendemonstrationen mahnen konnte, ebenso wie es nur dem revolutionären Blatte „Straznica" vergönnt war, auf die wahre Macht der Volksbildung hinzuweisen und auf die Organisation der letzteren zu drängen: eben so musste die jeder gewaltsamen Erschütterung entschieden abgeneigte wahre Majorität des Landes den keineswegs geringen Gefahren der Censurumgehung sich aussetzen, wenn sie den Widerstand der kleinen, aber allen Gefahren kühn trotzenden Mieroslawskischen Partei überwinden und durch die Wahlen bei den ersten Grundlagen eines Gemeindelebens anlangen wollte.

Es dürfte für den Forscher verschiedener Presszustände interessant sein zu erfahren, mit welch harmlosen Gedanken man sich in einem censurumhegten Lande zur geheimen Presse flüchten muss, und ich führe darum hier die wortgetreue Uebersetzung des geheimen Flugblattes an, welches seinen Verfasser oder Vertreter nach den bestehenden Gesetzen, wenn er entdeckt worden wäre, für Sibirien reif gemacht hätte und welches gleichwohl keinen andern Zweck hatte, als zu allgemeiner Betheiligung an den von der Regierung ausgeschriebenen Wahlen zu städtischen und Kreisvertretungen aufzufordern.

„Nichts ist, so schreibt das geheime Flugblatt über diese Wahlen, dem Lande jetzt nöthiger als Einigkeit und Eintracht; um sie müssen wir Alle arbeiten, weil wir nur ihnen unsere Wiedergeburt verdanken können. In einem so wichtigen Augenblicke wie der jetzige wird das, worüber die Majorität sich geeinigt hat, zum Gesetz für Alle; wer sich leichtfertig ihm entzieht, stösst das Land in den Abgrund. Daher rufen wir Allen, die ihr Vaterland lieben, zu, sie möchten in der Hitze ihres Eifers sich nicht ablenken lassen von dem, was die Gesammtheit im gegebenen Momente für heilbringend erachtet. Wir sprechen von den Wahlen zu den Kreis- und Municipalräthen; an diesen Wahlen sich zu betheiligen, sie ehrlich zu leiten, auf dass sie Männer mit Bürgermuth, Verstand und Energie ergeben, ist Pflicht eines jeden rechtlichen Bürgers. Es geht hier nicht um Annahme oder Verwerfung der Reformen, denn die Wahlen zu den Rathskörpern sind an sich keine Reform, sondern nur ein Standpunkt, von dem aus die den Bedürfnissen des Landes entsprechenden Reformen gewonnen werden können, und diesen Standpunkt müssen wir ausbeuten. Lasst euch daher nicht verleiten durch Aufrufe, die zwar aus heisser Vaterlandsliebe und aus den edelsten Beweggründen entstammt, aber nicht genügend durchdacht sind. Das Land bedarf vor Allem der Organisation, der gegenseitigen Erkenntniss und Annäherung, der gemeinsamen gleichartigen Arbeit, wenn auch in verschiedenen Richtungen."

„Die Rathscollegien finden zwar in ihrem Bereiche keine ausgedehnte Wirksamkeit, aber sie können bedeutsam werden, wenn wir Männer erwählen, die bei kräftigem Willen und eiserner Arbeit ihr Land vor Allem lieben und die Bedürfnisse und Wünsche des Landes muthig zu vertreten verstehen. Streben wir also darnach, dass nicht bloss die Wahlen wirklich zu Stande kommen, sondern auch dass wir uns unserer Erwählten nicht zu schämen haben und auf sie rechnen können. Jetzt ist nicht Zeit zu Protestationen und Worten; wir brauchen That, Organisation, Arbeit. Je schwieriger die Zukunft, um so mehr muss sie mit Schweiss erarbeitet werden. Vor Allem Einheit und Eintracht im Namen des Vaterlandes!"

Diese Proclamation zündete, weil sie geheim und als der freie Ausdruck reifer Männer erkannt war. Das Land ging mit Ernst an die Vorbereitung der Wahlen, die möglichst einstimmig ausfallen sollten. Nun aber fing wieder erst die unterirdische Arbeit an. Vorversammlungen in möglichst kleinen Privatkreisen, die der Aufmerksamkeit der Polizei entgehen sollten, Aufstellung der Kandidatenlisten, Verbreitung der Wahlzettel, Organisirung der Wähler, — das Alles musste natürlich der Oeffentlichkeit sich entziehen in einem Lande ohne Vereins- und Versammlungsrecht, ohne Redefreiheit und ohne eine Presse, die diesen Namen verdiente.

In Warschau waren die ehemaligen Bürgerwachen, in der Provinz die ehemaligen Mitglieder und Correspondenten des landwirthschaftlichen Vereins die Wahlorgane, welche alle Hülfsmittel, deren sich ein normal regiertes Land in solchen Fällen offen bedienen kann, reichlich ersetzten, und so trat das Volk trotz allen störenden Agitationen und lästigen Beschränkungen in geschlossener Reihe an die Wahlurnen, und widerlegte glänzend alle Vorurtheile, die gegen seine politische Reife von Russland geflissentlich verbreitet und von Europa blindlings geglaubt werden. Als Beweis der Einmüthigkeit, die in den Wahlen des ganzen Landes sich kund gab, sei hier das Stimmenverhältniss des ersten Wahltages in Warschau angeführt. Von 1036 Stimmberechtigten erschienen 835 und wählten mit Majoritäten von 821 und 816 Stimmen. Man bedenke, dass dies die erste Wahl nach dreissig Jahren schweren Despotismus war, man bedenke, dass vor dem Wahllocale die, von der Polizei unbehelligte, polnisch-revolutionäre Agitation im Verein mit der russisch-reactionären die Wähler einzuschüchtern versuchte und, als ihr dies nicht gelang, den vermuthlichen Wahlcandidaten ein Mandat überreichte, welches nicht weniger als die Erfüllung der extremsten national-politischen Wünsche den Vertretern rein localer Interessen zur Aufgabe zu machen wagte, und dennoch wollte das Volk den gesetzlichen Boden betreten und setzte seinen Willen durch.

Die Ordnung hatte hier einen glänzenden Sieg errungen, und die Militärpartei in der Regierung sah mit Schrecken ein Volk vor sich, das durch Einigkeit eine eben so unüberwindliche Macht zu werden versprach, wie es durch Trennung in Stände und Bekenntnisse bisher ohnmächtig gewesen.

Dieser Sieg der Ordnung ermuthigte die Bürger zu einem neuen Anlauf gegen die zerfahrenen Demonstrationen, welche die Kraft des Volkes in nutzlosen Andachten und gefahrvollen Anfeindungen zersplitterten. Die ehemalige Bürgerwache vereinigte sich mit der akademischen Jugend zu dem Werke der Ruhe, an welches die Regierung Hand anzulegen zauderte. Sie wollten die Ordnung erhalten, das Volk auf das Gebiet der innern Arbeit durch sittliche Hebel drängen und die nach dem Plane der „Schwarzen" veranstalteten Demonstrationen auf grosse Kundgebungen nationaler Einmüthigkeit zurückführen, wiewohl die Gemässigtsten auch diese letzteren noch auf ein Minimum reducirt wünschten, namentlich insofern sie über die Grenzen des Congressreiches hinauszielten und an die auf bessere Zeiten zu verschiebende Vereinigung mit Litthauen und Reussen gemahnten.

Die Regierung dagegen wollte, wie sie später eingestand, nur die Wahlen vorübergehen lassen, um dann den Kriegszustand zu verhängen, ehe das Volk sich selbst auf die rechte Bahn zurück leitete. Sie hatte dazu alle Vorbereitungen bereits in der Stille getroffen, und der 10. October gab ihr die längst ersehnte Veranlassung, mit dem Schrecken des Kriegszustandes hervorzutreten, selbst ehe noch die Wahlen im Lande ganz beendigt waren.

In Horodlo am Bug, wo den 10. October 1413 der polnische Landtag die Vereinigung der „Krone" mit Litthauen und Reussen aussprach, war lange vorher auf diesen Jahrestag eine Versammlung von Vertretern aller ehemals zu Polen gehörigen Länder durch geheime Flugschriften angekündigt, und sie fand trotz des Regierungsverbotes und aller militärischen Vorkehrungen auf dem Felde bei Horodlo, wo einst das Vereinigungsdenkmal stand, unter Betheiligung von etwa 15,000 Personen mit der grössten Feierlichkeit und Ordnung statt. General Chruszczew hielt sich streng an die ihm gegebene Instruction, die Stadt für diesen Tag in Belagerungszustand zu halten, dagegen fand er keine Veranlassung, gegen die Versammlung auf freiem Felde einzuschreiten, welche nach dem üblichen Gottesdienste und der

Festrede einen Protest gegen die despotische Regierungsform und vor Allem gegen die „willkürlichen Theilungen der polnischen Lande" beschloss.

An demselben Tage wurde in der polnischen Residenz selbst die Beisetzung des am 5. October verschiedenen Erzbischofs Fijalkowski zu einer gleichen, wenn auch weniger prägnanten Kundgebung benutzt. Alle Fahnen der zahlreichen Innungen Warschau's waren mit den Emblemen Polens und Litthauens geschmückt, die Vereinigung aller Stände und Confessionen feierte diesmal einen neuen und grössern Triumph durch den Anschluss der Bauern an die religiös politische Feier. Letztere wurden bei dieser Gelegenheit von Adel und Bürgerschaft aufs Beste bewirthet, und am Tage nach der Beerdigungsfeier im Europäischen Hôtel mit einem Diner beehrt, bei welchem nicht ganz unverfängliche und nicht gerade besonnene Reden fielen. Nach dem Diner endlich wurden die bäuerlichen Gäste mit grosser Ostentation nach dem Bahnhof geleitet und unter Jubelrufen in ihre Heimath entsendet, auf dass sie dorthin die Kunde brächten von dem neuen Geiste, der in Warschau erwacht wäre.

Alle dem gegenüber verhielt die Regierung sich vollständig passiv.

Es schien zur Zeit, als wäre sie überrumpelt von der politischen und mehr noch socialen Bedeutung, welche die Beerdigungsfeier des Kirchenfürsten unerwartet angenommen hatte, denn selbst russische Würdenträger, wie der Schwiegersohn des ehemaligen Statthalters Gortschakow u. A., folgten der Leiche und zogen sich beim Anblick der politischen Embleme nicht zurück. Andererseits jedoch war's wohl nicht zufällig, dass der römisch-katholische Statthalter Lambert gerade an jenem Tage verreist war und der Cultusminister Wielopolski sich bei der Beerdigungsfeier vertreten liess, während alle ausländischen Consuln in Person erschienen waren.

Aber sei es, dass die Regierung wirklich überrascht war, und erst später von ihrer Erstarrung sich aufraffte, oder was höchst wahrscheinlich das Richtige ist, dass sie das verderbliche und nicht sehr edle System des Geschehenlassens und der nachträglichen Ahndung noch einmal zur Geltung bringen wollte, um die revolutionären Bestrebungen der Aktionspartei sich gänzlich enthüllen zu lassen: genug, wenn der Kriegszustand verhängt werden sollte, so musste es jetzt geschehen, denn bereits hatte die Thätigkeit der Besonnenen so viel erwirkt, dass von den massenhaften Demonstrationen Abstand genommen, und der 15. October als Kosciuszkotag einen feierlichen Abschluss derselben bilden sollte. Allmälig hätten dann wahrscheinlich auch die patriotischen Gesänge in den Kirchen sich abgenutzt, denn das Volk sollte in ein inneres Leben und Arbeiten sich zurückziehen, um etwa denselben geistigen Process an sich zu vollziehen, den das preussische Volk in den Jahren der Fremdherrschaft von 1808 bis 1812 freilich unter günstigeren Verhältnissen, weil mit Unterstützung der heimischen Regierung, absolvirte, den Process der inneren Reorganisation des ganzen volksthümlichen Gebäudes. Bereits hatte, wie oben erwähnt, die revolutionäre Zeitschrift „Straznica" auf die Macht der Bildung hingewiesen, die der Feind, wie sie sich ausdrückt, mehr als Alles fürchte und darum zu unterdrücken bemüht sei. Weiter empfahl dasselbe Blatt, die Einigkeit und Gleichberechtigung aller Stände, Nationalitäten und Bekenntnisse im Lande zu befördern, den Bauern die Mittel des Wohlstandes und der Bildung an die Hand zu geben, so wie die lange verwahrlosten niederen Volksklassen in den Städten zu bilden und aus ihrem Elend zu erheben. So lange derartige Aufforderungen zu Einigkeit und Bildung noch das Licht der Welt zu scheuen hatten, so lange hatten natürlich die Polen guten Grund, nicht auf die verheissene Schulreform, deren Durchführung von Wielopolski allein und von keinem andern Mitgliede der Regierung betrieben wurde, zu warten, sondern vorläufig aus eigener Initiative das grosse organisatorische Werk in die Hand zu nehmen. Die bureaukratische Trägheit der russischen Regierungsmaschine liess sich auch hier vom Volke überholen, denn noch war das neue Schulprojekt nicht beendet, und schon fingen die Dorfschulen wie aus der Erde hervorzuschiessen an; die Geistlichen vereinigten sich mit den Gutsbesitzern zum Zwecke der Volksbildung, unbekümmert um eine Muchanowsche Verordnung, welche den freiwilligen Unterricht der Geistlichen und Organisten auf den Dörfern untersagte. In allen Städten begann ein reger Eifer für Bildung, tiefer Ernst durchdrang die bislang nur dem Genuss und Vergnügen ergebenen Stände, mit einem Worte: das polnische Volk wollte durch Arbeit und Bildung eine würdige Stellung unter den Völkern Europas sich erobern, von der schliesslich die Freiheit wie eine reife Frucht abfallen musste. In dieser seiner Stimmung wurde das Königreich und zunächst die Stadt Warschau am Morgen des 14. October, also einen Tag vor dem Kosciuszkofeste, mit der Verkündigung des Kriegszustandes überrascht.

Sechster Abschnitt.

Der Kriegszustand.

Lambert und Gerstenzweig. — Wielopolski und Suchozanet. — Lüders und Kryzanowski. — Kriegsgerichtliches Verfahren.

Der erste Eindruck, den die Verhängung des Kriegszustandes auf die Gemässigten machte, war durchaus kein unliebsamer; sie hofften durch denselben die Thätigkeit der Rothen erdrückt, die Zeit der Provokationen abgeschlossen und ihre eigene Arbeit gefördert zu sehen; sie glaubten, die Regierung wollte mit ihnen in der Wiederherstellung der Ordnung und ruhigen Organisation des Landes wetteifern und mochten diese Konkurrenz sich gern gefallen lassen. Aber sie vergassen eben so wie Lambert und Wielopolski, dass der Kriegszustand von denen gehandhabt werden musste, welche Feinde aller Reform waren. Und ein Blick in die Bekanntmachungen des General-Kriegsgouverneurs, dem nunmehr die Herrschaft des Landes anheim fiel, lehrte zur Genüge, dass der Kriegszustand auch diesmal von den hergebrachten Vorschriften sich nicht trennen könnte, welche der Soldatenwillkür Thor und Thüre öffnen. Die Schliessung aller Ressourcen, die Verordnungen über Laternen, Kleider, Stöcke etc.

brachten wiederum die Tage des Kaisers Nikolaus in Erinnerung und füllten schon am ersten Tage die Gefängnisse. Ferner wurde die Absingung patriotischer Lieder in den Kirchen und die Feier nationaler Gedenktage aufs Strengste verboten und somit der Grund gelegt zu einem unvermeidlichen religiösen Conflikt, der schon den 15. October zum Ausbruch kam.

Wenn die Regierung etwa geglaubt hatte, durch die überraschende Verhängung des Kriegszustandes die Kosciuszkofeier unmöglich zu machen, so war sie in einer gefährlichen Selbsttäuschung begriffen; wenn sie aber, was von ihrem militärischen Theile wohl anzunehmen war, ähnlich wie am 8. April einen Coup herbeiführen wollte, um dadurch die Zügel der Regierung wieder fester in die soldatische Hand nehmen und den Wielopolski'schen Arbeiten den Boden entziehen zu können, so war der Plan richtig angelegt.

Der 15. October wurde wiederum, wie der 12. August, zum Festtag; alle Läden waren geschlossen, und schon am frühen Morgen strömten die Schaaren in die Kirchen, während den auf den Plätzen lagernden Soldaten der vor jeder Aktion unvermeidliche Erwecker des Geistes in Fässern zugeführt wurde. Der Eingang in die Kirchen blieb unverwehrt, doch als sie gefüllt waren und die patriotischen Lieder begannen oder beginnen sollten, besetzte Militär in aller Eile die Ausgänge, und die Beter waren belagert.

Der Anblick Warschau's war an diesem Tage ein grausenerregender. Auf die vor den Kirchen sich sammelnden Neugierigen oder auch Vorübergehenden wurde unbarmherzig mit Knuten eingehauen, von deren Wucht bekanntlich auch der Engländer Mitchell ein auf Selbsterfahrung gegründetes Zeugniss ablegte und deshalb die Federn der englischen Kanzlei des auswärtigen Amtes lange in Bewegung setzte. Selbst in die Häuser drang die losgelassene Soldateska und liess dort die Spuren ihrer Kolben und Peitschen zurück. Unter Schrecken und furchtbarer Aufregung verging der Tag und immer noch wollten die in den Kirchen gefangen gehaltenen Männer und Jünglinge die Schwellen der Heiligthümer nicht übertreten, um sich freiwillig den Soldatenhänden zu übergeben. In der Nacht vom 15. zum 16. folgten nun die bekannten Schauerscenen, da die Soldaten die Pfarr- und Bernhardinerkirche erbrachen und sämmtliche Mannspersonen, einige Tausend an Zahl, nach der Citadelle abführten. Die diese Auftritte begleitenden Brutalitäten kann der Leser sich selbst ausmalen, wenn wir ihn an den durch geistige Getränke erzeugten Zustand der Soldaten erinnern, der schon am hellen Tage einen Gang durch die Strassen gefährlich machte. Der vom 8. April her uns bereits bekannte General Chrulew war auch der Held des 15. October.

In Folge der Kirchenentweihungen beschloss die katholische Geistlichkeit die Schliessung aller Kirchen in Warschau, bis die Regierung die für die Sicherheit der Gläubigen geforderten Garantieen bieten würde und der Verwalter der Diöcese Kanonikus Bialobrzeski zeigte dies dem Statthalter in einem energisch, aber würdevoll gehaltenen Briefe an. So demonstrativ auch diese Massregel aussah und wirklich war, so musste doch andrerseits eingestanden werden, dass es, wie die Dinge einmal standen, vorläufig kein anderes Mittel gab, um ähnlichen Scenen in den Kirchen vorzubeugen. Die israelitische Geistlichkeit folgte unter Gutheissung des Oberpolizeimeisters dem Beispiele der katholischen Collegen, nur der evangelische Kirchenrath wurde durch den Einspruch des vom General Krusenstern präsidirten Consistoriums an der Ausführung derselben Massregel verhindert. Graf Lambert erschrak vor dem durch die Militärherrschaft heraufbeschworenen Unwetter. Nach vergeblichen Unterhandlungen mit der katholischen Geistlichkeit wegen Wiedereröffnung der Kirchen verliess der Statthalter in der Nacht vom 23. zum 24. October wie ein bankerutter Kaufmann in aller Stille das Land. Sein Stellvertreter, der General-Kriegsgouverneur und Minister des Innern Gerstenzweig, erkrankte lebensgefährlich und starb einige Tage darauf. Später wurde es bekannt, dass eine Kugel ihm in die Stirn gedrungen war, die er, wie die Einen sagen, sich selbst beigebracht, nach Andern im Duell mit Graf Lambert oder General Chrulew erhalten hätte. So viel stand fest, dass zwischen den Spitzen der Regierung ein Conflict ausgebrochen war, da Niemand die Verantwortlichkeit für die militärischen Gewaltthaten und deren Folgen auf sich nehmen wollte, und dass das Land in diesem gefahrvollen Augenblicke sich selbst, oder vielmehr der unbeschränkten Willkür der Soldatenherrschaft überlassen war.

So heimlich wie Lambert das Land verliess, um allen Schwierigkeiten zu entgehen, eben so heimlich rückte Suchozanet in die Statthalterschaft ein, um neue zu bereiten. Offiziell war das Land einige Tage ganz ohne Regierungsspitze, bis endlich das amtliche Blatt die provisorische Statthalterschaft des Kriegsministers anzeigte und alle Welt in Erstaunen setzte, dass es möglich war, denselben Suchozanet zum zweiten Mal nach Polen zu senden, der eben einige Monate vorher das Ansehen der Regierung so tief erniedrigt hatte. Wenn es der Petersburger Kanzlei um Vorführung tragikomischer Scenen in Warschau ging, so konnte sie keinen besseren Acteur als eben den Kriegsminister wählen. Dieser hatte durch das Verhalten des Landes und das Benehmen Wielopolski's, gegenüber seinem gesetz- und systemlosen Verfahren während seiner früheren Regierung zu viele Demüthigungen erfahren, als dass zu erwarten stände, er werde den Umschlag der Stimmung in den oberen Sphären nicht benutzen, um am Lande und dessen Reformator Wielopolski in seiner Weise Rache zu nehmen. In der That übte er Beides in einer Art, welche den Jubel der Pessimisten auf's Höchste steigerte und selbst die weniger Exaltirten in einen eigenthümlichen Humor versetzte.

Der neue provisorische Statthalter klagte in seinem Berichte nach Petersburg den Markgrafen an, dass er es wäre, der durch Eröffnung der Aussichten auf weitergehende Reformen der Bewegung stets neue Nahrung gäbe. Der Markgraf seinerseits sah durch die Militärherrschaft des Kriegszustandes seine Projekte gefährdet und that, um sie zu retten und um unter allen Fällen sich wenigstens vor den Polen zu rechtfertigen, einen dem russischen Kriegsminister ganz ungeheuerlich erscheinenden Schritt: er veröffentlichte in dem amtlichen „Dziennik" das zur definitiven Lösung der Bauernfrage ausgearbeitete Projekt, um, wie der „Dziennik" voranschickte, dasselbe der öffentlichen Besprechung anheimzugeben, ehe es die legislatorischen Instanzen durchlaufen würde. Der Statthalter ergrimmte ob dieser Anrufung der öffentlichen Meinung und Entweihung des kaiserlichen Namens durch die Eingangsformel: „Wir Alexander" u. s. w., und er that seinerseits Etwas, was wohl kaum jemals in einem Lande, das eine censurfreie Presse besitzt, noch nie aber in einem Censurstaat wie Russland und Polen, vorgekommen ist: er verhängte die Konfiscation über die auf der Post befindlichen Exemplare des, seiner Stellung nach etwa dem preussischen „Staatsanzeiger" entsprechenden „Dziennik", welche den gefährlichen Staatsstreich enthielten, und sendete allen übrigen Zeitungen die Zwangsmittheilung zu, dass das Projekt des Bauerngesetzes, „welches noch durch Niemand bestätigt und sogar noch keiner Prüfung unterzogen worden, als nicht vorhanden zu betrachten, und daher seine Veröffentlichung nur einem Missverständniss zuzuschreiben ist."

Auch der Redakteur des „Dziennik," der Censurchef

Sobieszczanski, wurde vom Statthalter aufgefordert, dieselbe offizielle Berichtigung in sein Blatt aufzunehmen, doch der Redaktionschef des letztern, der Minister Wielopolski, verbot, was der Statthalter befahl. Dieser schickte den Redakteur für seine Unbotmässigkeit auf drei Tage nach der Hauptwache, jener besuchte seinen gehorsamen Unterbeamten recht demonstrativ im Gefängnisse und liess zum Trotz auch das zweite seiner Reformprojekte, über das Erziehungswesen, im amtlichen Blatte erscheinen. So lieferte der Minister des Unterrichts und der Justiz einen ergötzlichen Beitrag zur Theorie der Demonstrationen und Oppositionen!

Trotz der gedrückten Stimmung, in die der Kriegszustand mit den ihn begleitenden Willkürlichkeiten die Bevölkerung versetzt hatte, konnte die Stadt Warschau sich dennoch des Lachens nicht erwehren über das komische Zerwürfniss in der Regierung selbst.

Doch es sollte noch ein ergötzlicheres Schauspiel dem Publikum zum Besten gegeben werden. Der Statthalter hatte durch Oberst Potapow und General Liprandi seine Denunciation gegen Wielopolski nach Petersburg geschickt; der Minister wollte wiederum, wie er's schon einmal mit Erfolg gethan, durch seinen Sohn die nöthigen Kommentare zu des Statthalters Darstellungen dem Kaiser zukommen lassen. Der junge Wielopolski bestellt Extrapost, aber der Postdirektor weist einen Befehl des Statthalters vor, der ihn verhindert, dem Wunsche des Markgrafen und seines Sohnes zu genügen. Dieser lässt durch einen Dritten die Extrapost bestellen, um sie hinter dem Stadtthore zu besteigen. Doch der junge Markgraf wird von der Thorwache zurückgewiesen, da der Statthalter an allen Schlagbäumen den Befehl gegeben, den Ministerssohn nicht aus der Stadt zu lassen. Ebenso ergeht's demselben auf dem Warschau-Wiener Bahnhof, als er über Preussen nach Petersburg fahren will.

Erst als die Sendlinge des Statthalters einen genügenden Vorsprung gewonnen, um einige Tage in Petersburg freien Spielraum zu haben, wurde der Internirungsbefehl gegen den jungen Wielopolski zurückgenommen. Aber ehe noch der Letztere Petersburg erreicht haben konnte, wurde schon der Markgraf selbst telegraphisch nach der kaiserlichen Residenz befohlen; ob als Angeklagter oder als Rathgeber, das wusste der Berufene selbst noch nicht. Nur noch diesen schnöden Streich musste er von Suchozanet erfahren, dass ihm nicht gestattet wurde, den Kanzleichef im Kultusministerium, seine rechte Hand im bureaukratischen Theil all seiner Arbeiten, mit sich nach Petersburg zu nehmen. Der Kriegsminister wusste es ja an sich am besten, wie rathlos ein russischer General ohne seinen „Schreiber" im Amte ist, und glaubte nun dem Minister dieselbe Verlegenheit zu bereiten! Kaum hatte Wielopolski den Rücken gewendet, so brachte der „Dziennik" an der Spitze seines amtlichen Theiles die Mittheilung, „dass die in dem amtlichen Organ veröffentlichen Gesetzvorschläge nur als persönliche Aeusserungen Wielopolski's (nicht des Ministers!) zu betrachten sind."

Während der Kriegsminister und Statthalter diesen kleinen Krieg gegen den Minister und seine Reformprojekte führte, eröffnete er gleichzeitig seinen grossen Feldzug gegen das aufgeregte Land mit nächtlichen Verhaftungen und bereitete durch dieselben der Schadenfreude der Aufstandspartei eine nicht kleine Genugthuung. Ein unter dem Kriegszustande auftauchendes revolutionäres Blatt „Pobudka" spottet der von Suchozanet's Zorn schwer getroffenen Partei der Gemässigten und ruft im ironischen Jubel: „In Warschau, o Graus, werden die Anhänger der Ordnung und Legalität ins Gefängniss geworfen!" Und in der That, dieselben Männer, denen noch heute von den radikalen Polen in und ausserhalb des polnischen Landes der Vorwurf gemacht wird, dass sie zu Anfang des Jahres 1861 durch ihre vermittelnde und beruhigende Thätigkeit den Aufstand gegen die zur Zeit geringe Militärmacht im Königreich verhinderten, dieselben Männer wurden jetzt zum grössten Theil, auf Befehl Suchozanet's und der hinter ihm sich bergenden Russen Platonow, Krusenstern, Kryzanowski etc., einer nach dem andern des Nachts aus dem Bette gerissen und in den sogenannten zehnten Pavillon der Citadelle abgeführt, wo sie wochenlang ohne Verhör und Monate hindurch ohne Urtheil sassen. Die Mitglieder der ehemaligen Bürgerdelegation, deren Mässigung in den Tagen vom 27. Februar bis zum 8. April, und deren Legalität in ihrer Thätigkeit für die Wahlen zu den Stadt- und Kreisräthen und gegen die Ausartung der Demonstrationen sich genügend dokumentirt hatte: Kaufmann Schlenker, Schuhmacher Hiszpanski, die Domherren Wyszynski und Stecki, Rabbiner Meisel u. s. w. — sie hatten jetzt in den Kasematten Zeit darüber nachzudenken, dass es nicht frommte, eine Regierung in der Durchführung von Reformen zu unterstützen, die nach dem Willen der militärischen Vertreter der kaiserlichen Gewalt in Warschau nur ein Aushängeschild für das Ausland, nicht aber eine Wohlthat für das Inland zu sein bestimmt waren.

Inzwischen wurde am Petersburger Hofe der Kampf um diejenigen Reformen fortgesetzt, die höchstens als der erste Keim einer gedeihlichen Entwickelung den Wünschen des polnischen Volkes einige Befriedigung zu gewähren im Stande waren, wenn sie schnell und aufrichtig eingeführt worden wären, ehe weitergehende Forderungen sich hervorwagen konnten, die aber jetzt immer mehr an Werth einbüssten, je länger über sie berathen wurde.

Auch Suchozanet ging bald nach Petersburg und ungefähr um dieselbe Zeit General Kryzanowski und Staatsrath Platonow. Letzterer nahm neben Wielopolski seinen Sitz ein in dem für die polnischen Angelegenheiten in Petersburg eingesetzten Comité. Ersterer kehrte als General-Kriegsgouverneur mit den ausgedehntesten Vollmachten nach Warschau zurück, um den inzwischen zum fungirenden Statthalter ernannten General Lüders in der Beruhigung des Landes nach seiner Weise zu unterstützen.

Vom Petersburger Hofe wehete fortan, viele Monate hindurch, je nach dem Wielopolski oder seine russischen Gegner siegverheissend aus den kaiserlichen Appartements hervortraten, der Wind über das Königreich Polen bald milder, bald rauher und wirkte nicht bloss auf die polizeilichen Hetzjagden gegen Stöcke und Laternenlosigkeit, gegen Schnurröcke und hohe Stiefeln, gegen verdächtige Mützen und trotzige Physiognomieen, sondern auch auf Zahl und Strafmass der Verhafteten in der Citadelle bestimmend ein. Derselbe Oberpolizeimeister Pilsudzki, der den Polizisten Verweise gab für die immer noch zu geringe Zahl der Strassenverhaftungen und zur Erhöhung des Diensteifers eine Tantième von den eingebrachten Polizeigefangenen seinen Untergebenen zusicherte, der es nicht ertragen konnte, dass „die Menschen in den Strassen Warschau's einhergingen, als ob gar kein Kriegszustand vorhanden wäre", derselbe Pilsudzki schalt einige Monate später seine Myrmidonen für die rohe Behandlung des Publikums und äusserte vor polnischen Bürgern seine Freude über den voraussichtlichen Sieg des in Wielopolski vertretenen Liberalismus am russischen Hofe, indem er sagte: „Gott Lob, die Unserigen stehen wieder hoch."

Statthalter Lüders, welcher seine echt russischen Anschauungen blosslegte, als er das harte Strafurtheil gegen Schuhmacher Hiszpanski, Kaufmann Schlenker und den jüdischen Prediger Kramstück damit rechtfertigte dass Schuster, Kaufleute und Juden sich nicht in Politik zu mischen hätten, —

derselbe Lüders empfahl wiederum, als aus Petersburg Frühlingslüfte herübergrüssten, die willkürlich Verhafteten, freilich in eben so willkürlicher und ungeschickter Auswahl, der kaiserlichen Begnadigung und beklagte sich über den Terrorismus, den der General-Kriegsgouverneur Kryzanowski auf ihn, auf die politische Gerichtsbarkeit wie auf die ganze Civil- und Militär-Verwaltung des Landes auszuüben sich erlaubte.

Der Einzige in der Regierung, der vom Anfang bis zum Ende seiner Macht sich stets gleich blieb, war der oben erwähnte Kryzanowski. Ein thätiges Mitglied der sogenannten deutsch-russischen, d. h. ultra-reactionären Partei, hatte er richtig erkannt, dass die Schwerkraft des Volkes und seine unüberwindliche, zum Fortschritt drängende Macht auf den Repräsentanten der Intelligenz und der alle Landeseinwohner vereinigenden religiösen und nationalen Toleranz beruht, und zwang darum die Untersuchungs-Commissionen, nicht nach der Höhe der erwiesenen Schuld, sondern je nach der geistigen Bedeutung und socialen Stellung der dem Kriegsgericht verfallenen Personen das Strafmass höher oder niedriger zu schrauben. Es sollte buchstäblich die Kraft des Landes in seinen besten Bürgern und seinen fähigsten Jünglingen gefangen gehalten werden.

Bereits waren im Laufe des Monats November die Untersuchungen wegen Schliessung der Kirchen und Synagogen ihrem Abschluss nahe und mehrere Bezüchtigte dem Statthalter zur Befreiung vorgestellt, als der inzwischen zum General-Kriegsgouverneur ernannte Kryzanowski von Petersburg aus die Sistirung aller Dekrete bis zu seiner Ankunft in Warschau befahl, darauf eine Purifikation der politischen Untersuchungs-Commission vornahm und ihr den wegen seines Stockrussenthums bekannten General Roznow zum Vorsitzenden gab. Als trotzdem einige der angeseheneren Verhafteten freigesprochen werden sollten, liess er die Untersuchungsakten so lange hin und zurück wandern, die Protocolle so viel mal ändern und erneuern, bis ein Strafurtheil herauskam, welches dann der gefügige Statthalter bestätigte.

Als Vorwand zu Bestrafungen diente die Schliessung der Kirchen, die Betheiligung an den politischen Demonstrationen bei der Beerdigungsfeier des Erzbischofs, an dem Kosciuszkofeste u. A. m.; der wahre Grund der politischen Verfolgungen in Warschau wie in der Provinz war die Vereinigung der Katholiken, Protestanten und Israeliten, welche zu Anfang der Bewegung geschlossen, allen Kundgebungen des Volkswillens als geistige Fahne vorangetragen wurde und auf die Regierung den stärksten Druck ausübte. Natürlich hatten weder die Inquisition in der Citadelle noch ihr Chef Kryaznowski eine Ahnung davon, dass jede nationale Bewegung in unseren Tagen damit beginnt, den Ansprüchen der Menschlichkeit und Gerechtigkeit einen sichtbaren Ausdruck zu verleihen. Sie wussten eben so wenig, dass gewisse Ideen des Fortschrittes, wie Freiheit der Culte und Gleichheit ihrer Bekenner vor dem Gesetze, wenn sie erst die gebildeten Elemente eines noch so sehr bedrückten Volkes durchdrungen haben und in ihnen reif geworden sind, in der ersten gegebenen Katastrophe mit unwiderstehlicher Gewalt auftreten und selbst die Widerstrebenden mit sich fortreissen. Die militärischen Richter in der Citadelle waren vielmehr fest davon überzeugt, dass ein Schutz- und Trutzbündniss zwischen den Vertretern der verschiedenen Confessionen, wie zwischen Souveränen, existiren müsste, und mochten gar zu gern das betreffende Dokument entdecken. Sie gaben den urtheilsfähigeren Gefangenen in der Citadelle Themata in diesem Sinne zur schriftlichen Ausarbeitung auf, die angeblich mit dem Gange der Untersuchung in gar keinem Zusammenhange standen. Man sollte z. B. die Fragen beantworten, warum die Juden nicht, wenn sie vom fanatischen Vorurtheil ihrer christlichen Landsleute sich verfolgt fühlten, den Schutz der Regierung anriefen, welche bekanntlich den Fanatismus nährte; was die Israeliten, resp. die Protestanten von der Verbrüderung mit der katholischen Mehrheit des Landes gehofft hätten; auf welche Weise diese Verbrüderung geschlossen worden, wer hierbei besonders thätig gewesen wäre. Durch diese und ähnliche Fragen sollten die Gefangenen sich und Andere verrathen.

Jedes Schriftstück unter den konfiscirten Papieren der Verhafteten, welches auch nur die leiseste Andeutung auf jene Verbrüderung zu enthalten schien, wurde zum Gegenstand einer besonders strengen Untersuchung gemacht. Der Translateur im Kriegsgericht, der berüchtigte Jacob Tugendhold, machte in seinem Rapport über die hebräischen Papiere des Rabbiners Meisel auf ein zufällig unter dieselben gerathenes leeres Briefcouvert aufmerksam, dessen Siegel vorgeblich ein Kreuz in der Mitte hatte. Das Kreuz, so schloss der diplomatische Uebersetzer, deutet auf einen katholischen Geistlichen als Absender des nicht mehr vorhandenen Briefes, und worüber könne wohl ein katholischer Geistlicher mit einem israelitischen Collegen correspondiren, wenn nicht über die Verbrüderung der Confessionen?!

Der Rabbiner sollte nun vor dem Kriegsgericht über den ihm selbst schon aus dem Gedächtniss entschwundenen Absender, so wie über den ehemaligen Inhalt des leeren Couverts Auskunft geben und wäre wahrscheinlich durch eine noch längere Untersuchungshaft seinem Gedächtnisse zu Hilfe zu kommen gezwungen worden, wenn er nicht glücklicherweise die Entdeckung gemacht hätte, dass das incriminirte Symbol des Christenthums einem Sohne Mercurs angehörte und einen Anker vorstellte.

So kleinlich und lächerlich die Untersuchungen, so alles Recht verletzend waren die Urtheile und deren Motive, so weit sie in die Oeffentlichkeit drangen. Bialobrzeski wurde als Administrator der Warschauer Erzdiöcese für Schliessung der Kirchen zum Tode verurtheilt und vom Kaiser zu einjähriger Festungshaft begnadigt. Das Missverhältniss zwischen diesen beiden Strafmassen beweist, wie man selbst in Petersburg über den Rechtssinn der Warschauer Richter dachte. Der hochgeachtete Kanonikus Wyszynski, welcher jede gerichtliche Aussage verweigerte, weil er die Competenz der Kriegs-Commission für Processe, die in die Zeit vor Verhängung des Kriegszustandes zurückgriffen, bestritt, wurde „wegen Veruntreuung öffentlicher Kirchen-Collecten" mit sibirischem Exil bestraft, da man ihm sonst Nichts anzuheften wusste. Die Richter vergassen nur das Eine, dass dieses einem Ehrenmanne angedichtete Verbrechen am allerwenigsten vor das Forum des Kriegsgerichtes gehörte.

Ein anderer achtbarer Bürger wurde für „Trunksucht" mit Polizeiarrest belegt, um auf diese Weise vor sich und Anderen gedemüthigt zu werden.

Die drei in eine Kategorie gestellten israelitischen Geistlichen Meisel, Jastrow und Kramstück wurden, so lautete das ihnen in den Gefängnisszellen vorgelesene Decret, verurtheilt „für thätigen Antheil an der Schliessung der Synagogen (die übrigens, wie bereits erwähnt, mit Zustimmung des Oberpolizeimeisters geschehen war) und für aufrührerische patriotische Predigten, welche namentlich der Letzte (Kramstück) gehalten."

Andere, wie z. B. Schlenker, wurden ohne Urtheilsverlesung zum Antritt ihrer Strafe verschickt, wieder Andere, wie die erst einige Jahre vorher aus sibirischem Exil zurückgekehrten Krajewski und Ehrenberg, mussten ohne jede Untersuchung in der Nacht aus ihrem Hause die Reise nach den sibirischen Steppen wieder antreten.

Ein gleiches Schicksal hatten Hunderte von Geistlichen und angesehenen Bürgern in der Provinz, die nicht selten ohne Kleidung und Wäsche und ohne alle Mittel die weite Fahrt zurücklegen mussten, wenn nicht unterwegs Mitleid und Patriotismus ihnen helfend entgegenkamen.

Um das summarische Verfahren der kriegsgerichtlichen Behörden, denen es auf einige Versehen in Personen und Strafmassen nicht ankommen konnte, zu kennzeichnen, greifen wir aus der grossen Fülle des uns vorliegenden Materials einige specielle Thatsachen heraus. Am 15. Februar 1862 veröffentlichte der „Dziennik Powszechny" in Warschau eine Liste von 143 Personen, die angeblich vom Tage der Verhängung des Kriegszustandes, dem 14. October bis zum 27. Januar kriegsgerichtlich zu verschiedenen Strafen verurtheilt worden wären. Die Fortsetzung dieser Liste ist nicht mehr veröffentlicht worden, obwohl die auffallendsten und das Land am meisten interessirenden Verurtheilungen, wie z. B. die der Geistlichen aller Confessionen, der Studirenden an der medizinischen Akademie u. s. w., erst später erfolgten, und die Gesammtzahl der mit und ohne Richterspruch Bestraften gar nicht zu übersehen ist. Aber sehen wir auch von dieser vielleicht gerade in der Massenhaftigkeit der Dekrete wohlbegründeten Inconsequenz ab, sowie auch davon, dass jedes Land berechtigt ist, Rechenschaft über seine zeitweiligen oder dauernden Verluste an Menschenkräften zu fordern, so müsste man wenigstens doch annehmen dürfen, dass die v e r ö f f e n t - l i c h t e n Urtheile auf geprüfter Wahrheit beruhen. Anstatt dessen findet sich in der oben bezeichneten Liste unter der Rubrik der „in's Ausland ausgewiesenen Fremden" mit Nr. 89: „der preussische Unterthan Nepomuk Kurowski", von welchem im October 1862 eine briefliche Nachricht aus

Omsk nach Posen gelangte, die seiner Zeit im „Dziennik Poznanski" auszüglich mitgetheilt war. Nach dieser mit allen Zeichen der Glaubwürdigkeit versehenen Nachricht wurde Kurowski den 11. Mai 1861, mithin fünf Monate vor Verkündigung des Kriegszustandes in Warschau arretirt, eilf Tage später nach Sibirien abgeführt; den 5. April 1862, also nach beinahe einjähriger Reise in Tobolsk angelangt, wurde er von dort nach der Festung Omsk, als seinem Bestimmungsorte, transportirt, wo er zu achtjährigen „schweren Arbeiten" mit Verlust aller Standesrechte verurtheilt ist.

Eine zweite Differenz zwischen jener mehrerwähnten Veröffentlichung und der thatsächlichen Wahrheit ist nicht weniger folgenschwer für den Betroffenen. Der Bernhardiner Hilary Kozierowski aus Lublin ist in dem amtlichen Verzeichniss unter den „zum Wohnsitz im Kaiserreich" Verurtheilten aufgeführt, während die obengenannte briefliche Nachricht ihn unter den „Kettensträflingen" aufzählt, die in Orenburg und Omsk sich befinden.

Gleichgültiger für die Bestraften, aber nicht minder bezeichnend für die Richter ist endlich in jener Liste der Umstand, dass zwei Brüder Wolanowski aus Czenstochau unter einer Nummer zusammengefasst sind und als eine Person figuriren.

Eine zweite auf das kriegsgerichtliche Verfahren bezügliche amtliche Veröffentlichung lässt unter den am 9. März 1862 durch kaiserliche Gnade Amnestirten den Restaurateur im Europäischen Hôtel, Wambach, erscheinen, der niemals vorher auch nur ein kriegsgerichtliches Verhör zu bestehen gehabt, geschweige denn von einem gegen ihn ergangenen Strafurtheil gewusst hatte.

Endlich möge hier zur Vervollständigung des traurigen Bildes noch eines der letzten Dekrete des Statthalters Lüders in wortgetreuer Uebersetzung eine Stelle finden, das in Folge einer gegen den neuen Erzbischof Felinski gerichteten Demonstration erlassen wurde:

„Am 17. April, heisst es im „Dziennik Powszechny", „hat der fungirende Statthalter zu bestimmen geruht, dass „von den am 10. April für entweihende Handlungen in der „Johanniskirche polizeilich festgenommenen und im Laufe „der gegen sie geführten Untersuchung der ihnen zur Last „gelegten Bezüchtigungen überführten **fünfzehn** Per„sonen:

„Einer unter Kriegsgericht gestellt; zwölf auf Rechnung „der nächsten Aushebung, falls sie dienstfähig befunden wer„den, andernfalls aber ohne Abzug vom Landescontingent in „die Armee eingereiht; zwei endlich, welche sich als **we„niger** schuldig erwiesen haben, mit Gefängniss von **eini„gen** (!) Wochen in den Kasematten der Festung Nowogeor„giewsk (Modlin) bestraft werden sollen."

Diese eine amtliche Kundgebung dürfte die ganze bodenlose Willkür, mit welcher man vom October 1861 bis Juni 1862 unter Suchozanet, Lüders und Kryzanowski Regierungsgeschäfte abthat, genügend charakterisiren.

Wir hätten die Leiden des Kriegszustandes, die Verhöhnungen jedes Rechtsgefühls, die Demüthigungen der Männer und Frauen, die in den Vorzimmern der Generale und auf den Vorhöfen der Citadelle ganze Tage warten mussten, wenn sie für ihre Angehörigen in den Gefängnissen irgend eine, in civilisirten Ländern jedem gemeinen Verbrecher verstattete Bequemlichkeit erbetteln wollten, — wir hätten die Erhebung der verworfensten Kreaturen aus der Nikolaus'schen Drangperiode zu einflussreichen Aemtern, die stechende heuchlerische Gutmüthigkeit des an seinen Opfern sich weidenden Kryzanowski und seiner Untergebenen — wir hätten dies Alles viel ausführlicher beschreiben können, wenn wir nicht glaubten, dass unsere Leser bereits nach den mitgetheilten Proben im Stande sein werden, die nationale Erbitterung zu begreifen, welche bei solcher Handhabung des Kriegszustandes alle polnischen Herzen in und ausser dem Königreiche erfüllen musste, und um die ungeheure Kluft zwischen Volk und Regierung zu bemessen, welche den Grossfürsten Constantin und den Markgrafen Wielopolski bei ihrer Einkehr in Warschau angähnen musste, als sie die Erbschaft solcher Zustände antraten, ohne dem bisherigen System offen zu entsagen.

Siebenter Abschnitt.

Constantin als Statthalter und Wielopolski als Chef der Civilregierung. (Juli 1862 bis Januar 1863.)

Stand der Parteien. — Bedeutung der Trauer. — Attentate. — Wielopolski über seine Vorgänger. — Schulreorganisation. — Sociale Reformen mit politischer Tendenz. — Trauerverbot. — Der Stadtrath und das Stadtgefängniss. — Die amtliche und die Privatpresse. — Begnadigungen. — Politische Gerichtsbarkeit. — Ausweisung Zamoyski's. — Juden und Bauern. — Aufruf des weissen Comité.

Die Missregierung Lüders' und Kryzanowski's, welche unterschiedslos alle patriotischen Gefühle mit Wuth verfolgte und alle Menschenrechte mit Füssen trat, war nicht etwa im Stande gewesen, das seit dem Anfang des Jahres 1861 wachgerufene, nach konkreter Gestaltung ringende polnische Nationalbewusstsein zu ersticken, sondern hatte nur das Eine bewirkt, dass sich der Patriotismus verinnerlichte, dass sich über der feurigen, durch Verfolgung und Willkürherrschaft geschürten Gluth des Moskowitenhasses und der Vaterlandsliebe eine Rinde wölbte, welche dem nach Aeusserlichkeiten urtheilenden Petersburger Kabinet die Meinung beibringen konnte, das Land wäre beruhigt und das Terrain für ungestörte und von der Regierung allein zu leitende Einführung der verheissenen Reformen geebnet. Die Demonstrationen waren natürlich immer seltener und unscheinbarer geworden, seitdem sie durch blutige und unschuldige Opfer erkauft werden mussten und die auf Befehl des neuen Erzbischofs Felinski wieder geöffneten Kirchen von Polizei und Militär belagert waren.

Zwar machte die Kryzanowski'sche Militärherrschaft noch verschiedene Anstrengungen, um sich zu erhalten, und suchte neue Demonstrationen zu provociren oder nicht vorhandene zu denunciren und zu verfolgen, aber Wielopolski hatte inzwischen bald in Petersburg bald in Warschau seine ganze rastlose Energie angesetzt, um seine politischen Gegner von der deutsch-russischen Partei aus dem Regierungssattel zu heben und sich mit seinem Reformprogramm wieder zur Geltung zu bringen. Ende März 1862 kam er nach Warschau und nahm als Mitglied des Staatsrathes an der ausserordentlichen Session desselben einen überaus thätigen Antheil. Seltsam genug hatte er hier für die von der Regierung eingebrachten Gesetzentwürfe gegen die Vertreter der Regierung, die Minister Hube und Krusenstern, zu kämpfen. Nachdem er hier seine Reformprojekte durchgeführt und seinen Aufenthalt durch amtliche Ankündigungen zahlloser Gesetzentwürfe, welche der Kaiser vorzubereiten anbefohlen hätte, bezeichnet, ging er nach Petersburg zurück, um hier wiederum mit derselben deutsch-russischen Partei den Kampf um die kaiserliche Bestätigung der drängendsten vom Staatsrath angenommenen Reformen weiter fortzusetzen.

Schon war der stolze Mann, wie wir aus seiner mehrerwähnten Schrift*) erfahren, nahe daran, sein Programm

---

*) Ruch Polski etc.

und mit ihm seinen politischen Ruf verloren zu geben, schon schickte er sich an, in's Ausland zu gehen, um sein polnisches Vaterland nie mehr wiederzusehen, als er endlich durch Grossfürst Constantin's nachdrückliches Einschreiten die kaiserliche Unterschrift unter die neuen Gesetze erlangte, worauf dann unmittelbar die Ernennung des Grossfürsten selbst zum Statthalter so wie des Markgrafen zum Chef der Civilregierung in Polen erfolgte. Im Juni 1862 eilte Wielopolski dem Grossfürsten voran, um die so schwer erkämpften Gesetze zur Wahrheit zu machen.

Organisatorische Staatsgesetze sind Samenkörner, und das Volk der Boden, in den sie eingelegt werden und von dessen Beschaffenheit die Gestaltung des Baumes und seiner Frucht abhängt. Wir müssen also vor Allem den Zustand des Bodens kennen, den der Markgraf Wielopolski mit der Pflugschaar des Kriegszustandes hatte bearbeiten lassen, um ihn dann anzubauen.

Die Schichten dieses Bodens, oder sprechen wir ohne Bild, die Parteien im Volke waren dieselben geblieben, wie sie vor Verkündigung des Kriegszustandes waren, aber sie hatten inzwischen zu emsigerer Arbeit sich aufgerafft.

Die grosse Partei der Gemässigten nahm unter dem Kriegszustande das Werk der Volksbildung ernster in die Hand. Auf dem Lande und in den Städten wurden Schulen für die Jugend und selbst für das reifere Geschlecht errichtet; was nicht lernte, das lehrte oder schaffte Lehrmittel zur Hand. Leseanstalten, Ausgaben nützlicher Volksbücher, stille Vereine zur Hebung des Volkswohles, Abendschulen für Handwerker und Lehrlinge, Kinderbewahranstalten — dies Alles entwickelte sich trotz des erdrückenden Bleigewichts, mit welchem die Militärregierung auf dem Lande lastete, in Staunen erregender Schnelligkeit und wurde mit einer Zähigkeit fortgeführt, die bisher zu den Tugenden des polnischen Volkes nicht gezählt werden konnte. Ueber der Verfolgung unschuldiger, der wahren Beruhigung des Landes förderlicher Personen hatte die Lüders'sche Regierung die Ueberfluthung des Landes mit diesen Bildungsmitteln übersehen und fand sich genöthigt, nachträglich zu erklären, dass die Gründung von Volksschulen zwar „nicht verboten" wäre, dass jedoch bei dem Ministerium für Cultus und Unterricht die Anmeldung der bereits bestehenden gemacht, so wie die Erlaubniss für die noch zu gründenden nachgesucht werden müsste. Die von der Militärherrschaft allzu sehr terrorisirten und unwillig gemachten Civilbeamten verbanden sich grossentheils mit dem gebildeten Theile des Volkes zu gemeinsamer Thätigkeit oder liessen wenigstens unbehindert die Grundlagen schaffen für die Wiedergeburt des Volkes. Selbst die Presse war unter Lüders und Kryzanowski vergleichsweise freier, als sie es später unter Constantin und Wielopolski war; die Censurbeamten hatten von den ersteren einer minder systematischen Ueberwachung und grösserer Selbständigkeit und die Bedeutung der Presse grösserer Geringschätzung sich zu erfreuen. Aber diese grosse Partei der Gemässigten vergass über den Bemühungen um die Neugestaltung der zerrütteten socialen Verhältnisse die nationalen Forderungen nicht, und gab ihnen in Ermangelung jedes andern legalen Mittels durch die Landestrauer, mit welcher die Enthaltung von allen sonst in Polen und besonders in Warschau bis zur Uebertreibung gehäuften öffentlichen und häuslichen Vergnügungen verbunden war, nach wie vor einen für die Regierung empfindlich stechenden Ausdruck. Wie konnten auch die Polen ihre Trauer ablegen, wenn sie Tag für Tag durch erniedrigende nächtliche Verhaftungen und brutale Misshandlungen auf den Strassen daran erinnert wurden, dass sie von Fremden, von Feinden beherrscht werden, wenn ihre Nationalfarben in den Bann gethan, wenn ein weissrothes Band, ein polnischer Adler auf der Busenadel und ähnliche Dinge die Legitimation für die Wanderung nach den sibirischen Bergwerken waren, wenn ihre Brüder in Lithauen, Volhynien und Podolien durch einen gleichen politischen Druck, zu dem aber noch der religiöse sich fügte, gezwungen werden sollten, ihre Nationalität zu verläugnen.

Selbst als die Ernennung Constantin's und Wielopolski's an die Spitze der Regierung dem Königreich eine bessere Zukunft verhiess, konnten die Polen nach so vielen erfahrenen Täuschungen nicht mit unbedingtem Vertrauen der neuen Regierung entgegenziehen und, wie Wielopolski und sein geringzähliger Anhang es wünschten, die Trauer ablegen, um den Grossfürsten mit den Zeichen der Freude zu begrüssen.

Wir müssen bei diesem scheinbar so unwesentlichen Umstande, wie die Trauerkleider, etwas länger uns aufhalten, weil er neben den unten zu erwähnenden Attentaten hauptsächlich dazu beigetragen hat, der Regierung Constantin's von vorn herein die gereizte Stimmung zu geben, aus welcher heraus sie ihrerseits das Volk unaufhaltsam reizte und verletzte.

Die Landestrauer war nicht bloss ein äusseres Abzeichen für innere nationale Wünsche, sie war nicht bloss der Ausdruck der Betrübniss ob der erfahrenen Demüthigungen und Unbilden; sie war auch zugleich ein Mittel, um das polnische Volk und namentlich die höheren Schichten desselben an einem Rückfall in die frühere Genuss- und Verschwendungssucht, in die Hoffart und den Leichtsinn zu verhindern, mit welchen der russische Despotismus ein intimes Bundesverhältniss eingegangen war, um dem polnischen Nationalleben die tiefsten Wunden zu schlagen. Mit Ablegung der Trauergewänder, mit dem Besuch des Theaters, mit der Wiedereröffnung der Salons drohte die ganze mühselig errungene ernste und einmüthige Haltung des Volkes wieder zu zerfallen, und die organisatorischen Arbeiten zum Zweck der Hebung des Handwerker- und Bauernstandes zu erschlaffen. Aus diesem Instinkte heraus überwachte das polnische Volk mit eifersüchtigem Auge jeden Vornehmen, den die sonst in den Salons so leicht erworbenen Lorbeeren nicht ruhen liessen, jede hohe Dame, die das einförmige Trauergewand gern mit der Mannigfaltigkeit des ehemaligen Luxus vertauschen mochte. Es sollte der ganze tiefe Ernst eines in innerer Umgestaltung begriffenen Volkes stets zur Schau getragen werden, um jedes Mitglied desselben an seine Aufgabe in diesem Werke beständig, wo es sich auch befinden mochte, zu erinnern.

So war die Trauer das Symbol und zugleich das Mittel für die selbsteigene Thätigkeit des Volkes geworden, die unabhängig von der Gunst oder Ungunst der Regierungsverhältnisse die ganze Kraft einer von Ideen getragenen Gesammtheit zur Entfaltung bringen sollte. Mit einem Worte, die Trauer war das einzige Mittel, welches alle, glücklicheren Völkern gegönnten Hebel des nationalen Geistes, wie Presse, politische und sociale Vereinigungen, Volksfeste, Volksreden, Volkswahlen, Volksvertretungen etc. zu ersetzen hatte. Um auf eine später zu nennende kleinliche, aber folgenschwere Regierungsverordnung gegen die Trauer vorzubereiten, bemerken wir hier noch, dass beim Antritt Constantin's das äussere Abzeichen für die oben erwähnten Gedanken bei den Mannspersonen, da alle früher gewählten Abzeichen bereits verboten waren, im niedrigen Filzhut oder in der einfachen schwarzen Mütze im Gegensatz zum französischen Cylinderhut der Salons bestand.

Die Partei der Gemässigten, oder nennen wir sie lieber die Partei der organisatorischen Arbeit musste der Regierung Constantin's, der in der vollen Absicht, die bestätigten

Reformen einzuführen, nach Polen kam, eine willkommene Stütze sein, so wie andererseits zu erwarten stand, dass das Misstrauen des Volkes zur Regierung aufhören würde, sobald Ersteres die Ueberzeugung gewönne, dass es Letzterer mit der Bildung und Neugestaltung des Staatsorganismus, wenn auch nur auf der schmalen, nicht für lange ausreichenden Basis der bereits öfter gezeichneten Reformprojekte, Ernst ist. Es war zumal nach der Ernüchterung, welche die blutige Strenge der Kryzanowskischen Wirthschaft hinter sich zurückliess, als sie vom Schauplatze abtrat, zu erwarten, dass das polnische Volk seine nationalen Forderungen, unter denen die Vereinigung mit Lithauen und Reussen die wesentlichste war, zwar nicht aufgeben, aber doch wieder wie zu Anfang der Bewegung des Jahres 1861 auf bessere Zeiten zurücklegen und einstweilen, vorausgesetzt dass die Regierung das so reizbare Nationalgefühl zu verletzen sich hütete, mit dieser Hand in Hand gehen würde, da ihre Wege vorläufig dieselben waren. Aber eben dieses Zusammengehen, welches alle einsichtigeren Polen in und ausserhalb des Königreiches im Interesse der ruhigen und sichern Entwicklung wünschten, war der Schreckstein für die immer noch kleine Aktionspartei.

Auch diese Partei hatte unter dem Säbelregiment sich gekräftigt, und sie konnte es um so leichter, als die ehemaligen Führer der Gemässigten grossentheils in den Citadellen und Festungen oder in sibirischen Städten internirt waren und die Zurückgebliebenen eine beruhigende politische Thätigkeit nicht wagen durften, wenn sie nicht einem gleichen Schicksal sich aussetzen oder aber zu den Anhängern des russischen Terrorismus gezählt und mit dem Stempel des Volksverrathes gebrandmarkt werden wollten.

Aber nicht blos numerisch hatte sich die Revolutionspartei während des Kriegszustandes gestärkt, sondern auch an innerer Organisation. Während nämlich in den Tagen der ersten Bewegung das Volk seinen Stolz darein setzte, offen und frei, ohne Konspiration und dennoch einmüthig seine Bestrebungen kund zu geben, und es eben dadurch gezwungen war, auf dem Wege der Gesetzlichkeit, obwohl dies nur ein sehr schmaler Pfad war, zu bleiben, war unter der Strenge des Kriegszustandes selbst für ganz legale Bestrebungen die Heimlichkeit geboten und somit auch der gefährlichsten Konspiration ein bisher verschlossenes Thor geöffnet. War ja doch das ganze Land eigentlich gegen seine Machthaber verschworen, um sich gegen den Willen derselben zu organisiren, warum sollten nicht auch die Radikalsten ihre Netze auswerfen, um alle Diejenigen zu fangen, welche gegenüber einer solchen Schreckensregierung keinen andern Ausweg als die Revolution sahen. Der Handwerkerstand, dessen tief patriotisches Gefühl keine durch Bildung und Besonnenheit gezogenen Grenzen kannte, derselbe Stand, für dessen Bildung und Hebung die Mehrheit der Gebildeten und Besitzenden beträchtliche Opfer brachte, fiel am leichtesten in das Netz der Konspiration, die nach Art der Marianne in Abtheilungen von Zehnern, Hundertern u. s. w. sich organisirte und an ihrer Spitze das „centrale Nationalcomité" hatte. Eins der thätigsten Mitglieder des letzteren war der edle, tapfere, aber jugendlich excentrische Frankowski, der auch eines der ersten Opfer des Aufstandes wurde. Die Verbindung mit den verschiedenen Schattirungen der demokratischen Emigration unterhielten die zahlreichen neuen jugendlichen Flüchtlinge, welche, um der Strenge des Kriegszustandes zu entgehen, in Paris oder auf der polnischen Kriegsschule in Genua und später in Cuneo ein Unterkommen suchten, um dann wieder einzeln unter fremden Namen als s. g. Instructoren heimlich nach Polen zurückzukehren. Noch hatte diese geheime Verbindung kein nahes und klares Ziel vor Augen, und die in den Bund hineingezogenen Arbeiter und Handwerker wussten von demselben Nichts weiter, als dass sie Treue dem Vaterlande, Gehorsam ihrem Obern geschworen und zu einem kleinen monatlichen Beitrag sich verpflichtet hatten. Von einer ausgeprägten politisch-socialen Anschauung des Centralcomité legten wenigstens die im Lande erscheinenden geheimen Schriften kein Zeugniss ab; nur ein negatives Zeichen characterisirt dieselben, dass sie nämlich dem Mieroslawskischen Socialismus nicht das Wort zu reden wagten, während die ausländische revolutionäre Presse, wie z. B. „Bucznosc" sich nicht scheute, „ein ganzes Polen durch sociale Revolution und Aufstand" zu verkündigen. Es kann also, soweit bis jetzt das Geheimniss gelüftet ist, behauptet werden, dass Mieroslawski zwar mittelbar als der Organisator der Konspiration ihrer Form nach, nicht aber als ihr geistiges politisches Oberhaupt betrachtet werden konnte.

Der Hass gegen die Volksbedrücker Kryzanowski, Pilsudzki, Fedrow, Hatzfeld u. s. w., die dem Kriegsgerichte stets neue schuldlose Opfer zusendeten, die Erbitterung gegen die Soldatenpolizei, die in Verhaftungen und Prügeln auf den Strassen unter einander wetteiferte, waren die eigentlichen Werber für die Konspiration und deren Partei. Wenn solche Gewaltthaten eingestellt wurden und die Erbitterung sich legte, war dieser Partei die Hauptnahrung entzogen. Das fühlte sie instinktiv, und sie gab darum ihr erstes trauriges Lebenszeichen, das zugleich ein Zeichen ihrer Schwäche und Ueberreizung war, als sie durch die bevorstehende, eine versöhnliche Politik verheissende Ankunft Constantin's ihren eigenen Tod fürchtete. Am Morgen des 27. Juni fiel in dem öffentlichen Sächsischen Garten auf den bereits im Abzuge begriffenen Statthalter Lüders ein Schuss, der ihm die Kinnlade zerschmetterte. Der Thäter verschwand spurlos.

Die von diesem Attentate betroffene Person an sich

konnte kein Gegenstand des Mitleids sein, denn obwohl der vor Kurzem erst für seine Pflichttreue in den Grafenstand erhobene Lüders nur ein willenloses Werkzeug in der Hand des Kriegsgouverneurs Kryzanowski war, so hatte er ja doch alle die Massregeln zur Ausführung bringen lassen, welche die Gährung auch in die der Polizeidienste überdrüssige russische Armee verpflanzten, und alle die jedes Rechtes spottenden Urtheile unterschrieben, denen selbst Offiziere russischer und deutscher Nationalität Tod und Kettenstrafen verdankten. Immerhin konnte also noch das Attentat auf Lüders als ein verspäteter Act der Nothwehr, oder als ein in der Person verfehlter Ausbruch der Rache erscheinen. Und dennoch ging ein Schrecken durch das Land, als es von dem Attentate Kunde erhielt: es war das erste Beispiel eines politischen Mordes in dem lange geknechteten Polen.

Die späteren, sicher damit im Zusammenhang stehenden Mordversuche auf Constantin und Wielopolski konnten keinen Zweifel mehr aufkommen lassen, dass auch der auf Lüders von einem Polen ausging; aber ehe das Geheimniss sich lüftete, wollte das polnische Volk, welches von der Existenz eines Nationalcomité als exekutiver Behörde immer noch Nichts wusste und seinem grössten Theile nach Nichts wissen wollte, zur blutigen That sich nicht bekennen und sie vielmehr dem russischen Offizierstande zuschieben, der in der That durch die kurz vorher vollzogene Hinrichtung dreier der Verbreitung des Herzenschen „Kolokol" beschuldigten Kollegen in einem gefährlichen Zustande der Erbitterung sich befand. Der Schuss auf Lüders sollte, — nur so ist er im Sinne der Aktionspartei zu erklären—ein Schreckschuss für den kaiserlichen Bruder sein, der eben nach Warschau zu kommen sich anschickte und nur noch durch häusliche Umstände in Petersburg zurückgehalten wurde.

Es war hochsinnig und klug zugleich von dem Grossfürsten Constantin und geschah gewiss auf Anrathen Wielopolski's, dass er von dem Attentat auf Lüders nur zur Beschleunigung seines Amtsantrittes Anlass nahm, ehe die deutsch-russische und polenfeindliche Partei in Petersburg daraus für sich politisches Kapital machen konnte. Schon den 2. Juli hielt Constantin mit seiner der Entbindung nahen Gemahlin seinen Einzug in die polnische Residenz. Er wurde ohne jedes Zeichen von Sympathie empfangen, darüber konnte er sich nicht wundern: aber eben so wenig ahnte er, dass schon auf dem Perron des Bahnhofes die Kugel seiner wartete, und dass nur der Anblick der Grossfürstin die Hand des Mörders entwaffnete. Des andern Tages, als Constantin aus dem Theater trat, näherte Jaroszynski sich ihm, als ob er eine Bittschrift überreichen wollte, und feuerte aus unmittelbarer Nähe auf ihn, ohne ihn jedoch erheblich zu verwunden. Diesmal machte sich das Gefühl der Scham im Volke viel allgemeiner und lauter geltend als nach dem Attentat auf Lüders. Hier konnte nicht mehr Rache die Hand des Mörders leiten, denn der Grossfürst hatte bisher dem polnischen Volke weder Gutes noch Böses erwiesen; hier stammte ein Attentat aus kalter politischer Berechnung, und jeder denkende und fühlende Pole wandte mit Entrüstung sich von den geheimen Führern ab, welche blinde, bewusstlose Werkzeuge zu blutigen Thaten ausschickten und die nationale Sache mit Mord befleckten. Alle Korporationen und Stände in Warschau beeilten sich, den Geretteten zu beglückwünschen, und dadurch die Theilnahme an jenen Thaten von sich abzuweisen. Der Namenstag der Grossfürstin (8. Juli) und bald darauf die Geburt des grossfürstlichen Sohnes, der den polnisch-böhmischen Namen Waclaw erhielt, gaben zu einer freiwilligen Illumination der Stadt Veranlassung, die bisher durch keine

Zwangsmassregeln hatte erlangt werden können. Der Grossfürst sprach es vor den ihn Beglückwünschenden aus, dass das Attentat ein Fingerzeig sei, wie keine Regierung ohne Unterstützung des Volkes bestehen könne, und reichte hierbei eine Hand dem Grafen Zamoyski und die andere dem Markgrafen Wielopolski. Einen günstigeren Augenblick konnte es für die Regierung nicht geben, um den ganzen conservativen Theil des Volkes an sich zu ziehen, der nicht auf Ruinen und Blut seinen Neubau aufrichten wollte.

Der Grossfürst versicherte, dass das Attentat keinen Einfluss haben sollte auf seine wohlwollenden Absichten, dass er die Mehrheit des Volkes von dem kleinen Häuflein der Unruhstifter zu unterscheiden wüsste. Und dennoch begleitet Misstrauen gegen die Gemässigtsten fortan jeden Schritt der Regierung, die insbesondere nach den beiden rasch auf einander folgenden Attentaten auf Wielopolski (7. und 15. August) in eine Gereiztheit verfiel, welche einen Missgriff nach dem andern verursachte, eine Brücke nach der andern zwischen Regierung und Volk zerstörte und endlich das ganze Volk in den verzweifelten Aufstand stiess.

Wir können die ganze Regierungsweise Wielopolski's als Chefs der Civilregierung am besten mit seinen eigenen Worten zeichnen, die er in der bereits von uns erwähnten, ursprünglich als Memorial für Petersburg gearbeiteten und im August 1862 in etwas veränderter Form herausgegebenen Brochüre*) über das Regierungssystem des verstorbenen Statthalters Gortschakow ausspricht.

„Dieses neue Regierungssystem, heisst es dort (S. 33), „trug den Fehler des vorigen (Paskiewicz'schen) in sich, dass es nicht das sociale, sondern das (russisch) politische

---

*) Ruch Polski z. 1861 roku Leipzig. Wolfgang Gerhard, 1862.

Interesse vor Allem im Auge hatte. Es wollte die militärische Einheit und Zucht in der Civilverwaltung nicht durch eine gute sociale Organisation ersetzen, es wollte die Militärgewalt sich bewahren — und nur milder sie üben. Es gab wohl zu, dass die socialen Interessen berücksichtigt werden müssen, aber es konnte die Ueberzeugung nicht gewinnen, dass ökonomische Staatsarbeiten eine feste und gute politische Organisation erheischen, welche auf jedem Punkte den jeder arbeitenden Bewegung nöthigen Schutz gewährte. Dieses neue Regierungssystem wollte der Eigenschaft der obrigkeitlichen Unfehlbarkeit nicht entsagen und mochte darum das Bedürfniss nicht anerkennen, dass die Mitglieder des Staates an der Verwaltung des Gemeinwohles Antheil haben müssen; es mochte das Bedürfniss nicht anerkennen, dass die öffentliche Meinung mit thätig sein muss bei der Verwaltung der öffentlichen Angelegenheiten, und daher gestatteten wohl einige der Presse gegönnte Erleichterungen der Literatur und dem Zeitungswesen sich auf breiterem Felde als bisher zu entwickeln, jedoch war der Presse nicht erlaubt, öffentliche unter Regierungsverwaltung stehende Interessen zu berühren. Das System, welches der Unfehlbarkeit nicht entsagen wollte, erlaubte selbst nicht einen Fehler in irgend einem Regierungsinstitute oder auch nur das Vergehen eines einzelnen Beamten zu rügen, denn dies hiesse die Unantastbarkeit der unfehlbaren Regierung entweihen. Wiewohl also jenes neue System die socialen Interessen zu berücksichtigen anfing, liess es doch die Bildung der Organe nicht zu, welche die Regierung über die socialen Interessen aufklären könnten. Das neue System entsagte zwar der Entnationalisirung etc., konnte aber um keinen Preis sich dazu entschliessen, mit den Traditionen der früheren Regierung gänzlich zu brechen. Daher gerieth Alles, was für das Wohl des Landes geschah, und war's auch auf's Beste und

Vollkommenste angelegt, nur stückweise, nur halb und verfehlte das Ziel."

Diese Worte passen auf die Gortschakow'sche Verwaltung nicht ganz unbedingt, aber desto genauer auf Wielopolski's Regierung, welcher kaum in die Lage gekommen war, seine in seinen Gesetzentwürfen niedergelegten Theorieen in die Praxis hinüberzuleiten, als er in eben die Fehler verfiel, die er an der Gortschakow'schen Regierung rügte.

Wielopolski brachte als Chef der Civilverwaltung die kaiserliche Bestätigung dreier für die Umgestaltung des socialen und industriellen Lebens entscheidender Gesetze nach Warschau: das Gesetz über Verwandlung der Bauernfrohnden in Zins, welches nach kurzer Zeit ein zweites, die Zinsablösung und Bildung eines freien Bauernstandes erzielendes Gesetz hervorrufen musste; das Gesetz über Civilberechtigung der Juden, welches durch Aufhebung der diesen Stamm bisher bedrückenden Erwerbsbeschränkungen den städtischen Bürgerstand durch ein neues regsames, 500,000 Seelen zählendes Element zu kräftigen verhiess; endlich das dritte Gesetz über Reorganisation des Volksunterrichts und Errichtung der Hochschule betraf ein Werk, welches nach den Zerstörungen, die das Nikolaus'sche und Muchanow'sche Verdummungssystem angerichtet hatte, die thätigste Arbeit eines ganzen Menschenalters in Anspruch nehmen musste.

Aber nur von diesem letzten Gesetze kann behauptet werden, dass es ohne alle politischen Nebenrücksichten, ganz um seiner selbst willen, mit Energie und bewusster Klarheit des Ziels eingeführt wurde, wenn wir nicht etwa die panslavistische Laune zu hoch anschlagen wollen, die, um mit dem Czechismus zu liebäugeln, die Berufung eines böhmischen Lehrers an die neue Hochschule veranlasste, der in böhmischer Sprache böhmische Literatur lesen sollte, während die einheimische noch sehr schwach vertreten war. Das Ministerium für Cultus und Unterricht erhielt gleichzeitig mit dem Antritt der neuen Regierung den wegen seiner wissenschaftlichen Gediegenheit anerkannten Krzywicki zum Chef, der durch angestrengte Thätigkeit ersetzte, was ihm an Beamtenroutine abging. Bei den mangelhaften oder unbrauchbaren Vorarbeiten, welche sein bildungsscheuer Vorgänger Hube ihm hinterliess, und bei der bisher gewohnten bureaukratischen Trägheit in der Einführung von Neuerungen, durfte es nicht Wunder nehmen, dass die Eröffnung der Universität, mit welcher Ungeduld und Ungläubigkeit das Land ihr auch entgegen sah, vom Antritte Krzywicki's fünf Monate auf sich warten liess und erst am 25. November stattfinden konnte, also zwei Monate vor dem Ausbruch des Aufstandes.

Obgleich das Räthsel ungelöst war, wie sich polnische akademische Lehrfreiheit mit russischer Militärherrschaft und engherziger Censur vertragen könne, verhinderte dies doch die geachtetsten Polen auf dem Gebiete der Literatur nicht, dem organisatorischen Vorgehen der Regierung auf diesem Felde willige Unterstützung entgegen zu bringen. Der greise Mianowski, als Lehrer an der ehemaligen Universität in Wilna und später in Petersburg gefeiert, trat noch einmal aus der Zurückgezogenheit des Privatlebens, um das Rectorat an der neuen Pflanzschule polnischer Wissenschaft zu übernehmen, und seinem Beispiele gingen voran und folgten polnische Gelehrte aus allen Gegenden. Die Zeitungen, die, wie wir später sehen werden, ihre nationale Reputation aufs Spiel setzten, wenn sie mit den Massregeln der Regierung sich einverstanden erklärten, gaben ihre passive Haltung auf, um das neue nationale Institut der Hochschule zu begrüssen und ihre Zöglinge vor Vermischung der Wissenschaft mit politischer Agitation zu warnen. Greise sah man neben der Jugend auf den Lehrbänken den lang entbehrten Vorträgen lauschen; Beamte traten aus dem Staatsdienst, um ihre vernachlässigte Ausbildung hier von vorne zu beginnen, andere suchten mit ihren Berufsarbeiten die Studien zu vereinen. Es herrschte eine freudige Stimmung im Lande, wie wenn Regierung und Volk in beständiger Harmonie lebten.

Aber leider kam dies Alles zu spät, um die bisher dem Nationalgefühl und der öffentlichen Meinung geschlagenen Wunden zu heilen; so weit sie jetzt etwa vernarbten, wurden sie durch die grässliche Rekrutirung wieder aufgerissen, von der wir später noch zu sprechen haben werden.

Während demnach der Schulreorganisation allgemein das Verdienst zuerkannt wurde, dass sie rein im socialen Interesse unternommen und eingeführt wurde, zeigte sich bei dem Juden- und Bauerngesetz, als sie unter eigenthümlichen Umständen ins Leben traten, gar bald, dass sie der Regierung zur Handhabe dienen sollten, um durch die Befriedigung zweier bisher am meisten gedrückter und in das Nationalleben am wenigsten eingeführter Klassen die nationalen Bestrebungen des Volkes zu lähmen. Anstatt sich auf eine Partei zu stützen, die in der Nation steht und aus allen Klassen sich rekrutirte, versucht es das neue Regierungssystem mit einem Stande und einer Confession, welche durch die neu erhaltenen Rechte erst in die Nation eintreten sollten. Die Bauern sollten die Grundbesitzer, die Juden die städtische Bevölkerung in Schach halten, die Regierung wollte durch Zwietracht herrschen.

Das gegen die russische Regierung nicht ganz ungerechtfertigte Misstrauen der Polen sah schon darin eine Ankündigung dieser Theilungspolitik, dass an dem von Wielopolski entworfenen und vom Warschauer Staatsrath angenommenen Schulgesetze in Petersburg zwei Modificationen beliebt wurden, welche gerade die Bildung der Bauern und der Juden wesentlich und gegen das Interesse der nationalen

Verschmelzung dieser Klassen beeinflussten. Die jüdische Volksschule, die bisher fast gar nicht vorhanden war, wurde in dem modificirten Gesetze einer spätern, allgemeinen Regelung der jüdischen Kultusverhältnisse überlassen und dadurch in ferne Aussicht gestellt; der allgemeine Schulzwang, der in dem Gesetzentwurf aufgenommen und besonders auf die Bauern und Juden berechnet war, wurde in Petersburg verworfen, während es dem polnischen Volke vorzüglich darum ging, diese beiden, nunmehr mit materiellen Rechten beliehenen und mit Entwickelungsfähigkeit ausgestatteten Bevölkerungsklassen so schnell als möglich durch Bildung in den Organismus der Nation einzuverleiben. Wielopolski liess sich diese Modificationen an seinem sonst mit grosser Hartnäckigkeit in Petersburg vertheidigten Programme gefallen und erschien darum als Mitschuldiger an der drohenden Spaltung der Nation.

Noch deutlicher aber trat dieses Bestreben der Regierung, die den Juden und Bauern verliehenen Rechte, zu deren Entstehung die Nation unleugbar den ersten Anstoss gegeben, für sich und gegen die nationale Kräftigung auszubeuten, hervor, als sie an die Ausführung der neuen Gesetze ging.

Die im August ausgegebene, zur Vorlesung in den Dorfgemeinden bestimmte Erläuterung zum Bauerngesetze verwies wiederholentlich und mit Nachdruck auf die kaiserliche Gnade und auf die dafür von den Bauern zu erwartende Dankbarkeit gegen den Kaiser, erwähnte aber mit keinem Worte der angestrengten Bemühungen des Adels um die Herstellung des Bauerngesetzes. Die Erläuterung enthält sogar, wenn der auch dem Markgrafen Wielopolski nicht unbekannte misstrauische Charakter des polnischen Bauern, der darin jedem Unterdrückten gleicht, in Anschlag gebracht wird, viele Stellen, die den Grundbesitzer geradezu in einem feindlichen Gegensatz zum Bauern darstellen und diesen auf den Schutz der Regierung aufmerksam machen.

Den Juden gegenüber zeigte sich das Bestreben der Regierung, die sogenannte Verbrüderung zu durchbrechen, vor Allem in dem hastigen Eifer, mit welchem Wielopolski im Widerspruch mit fast dem ganzen Administrationsrath sich beeilte, die exceptionelle jüdische Fleischsteuer schon mit dem Jahre 1863 aufzuheben und den dadurch entstandenen Ausfall von einer halben Million Rubeln durch Erhöhung der Spiritussteuer zu decken d. i. direkt von einem Stande auf den andern zu übertragen. In einer kurz darauf stattgehabten Unterredung mit einem der jüdischen Vertreter hob der Markgraf hervor, dass fortan für die Juden kein Grund mehr vorhanden wäre, sich in „gewisse Dinge" zu mischen. Dergleichen Aeusserungen nehmen in einem Lande, das keine Presse hat, den Charakter amtlicher Dokumente an. Dazu kam noch, dass der Grossfürst oft mit Ostentation in die jüdischen Reviere Warschau's Ausflüge machte, wo er grossentheils von der Polizei angeregte Huldigungen empfing, die in anderen Stadtvierteln mit einer weniger gefügigen Bevölkerung nicht ermöglicht werden konnten. Wielopolski sprach auch nicht selten unverhohlen seine Ansicht dahin aus, dass das einzige gesunde Element im polnischen Staate die Juden wären, während gerade diesem so wie dem bäuerlichen Elemente die traurigen Spuren langjähriger Bedrückung und geistiger Verwahrlosung am deutlichsten aufgedrückt waren. Aber die Regierung hatte Wohlgefallen an dem Servilismus der beiden lange gebeugten Stände und wollte sich ihrer für alle Fälle versichern.

Eine Regierung, die nicht den Muth hat, auf die Intelligenz und den Besitz sich zu stützen, und in deren Stelle das geistige und materielle Proletariat als Factor eintreten lässt, verurtheilt sich selbst und wird, wenn sie noch dazu eine Fremdherrschaft ist, stets alle Kräfte der Nation in gezwungener Unthätigkeit, im Augenblicke der Entscheidung aber im feindlichen Lager sehen.

Wie kam der Chef der Civilregierung zu dieser für die Nation und für die russische Dynastie, wie der Erfolg beweist, gleich gefährlichen Taktik? Ist Wielopolski, wie die Leidenschaftlichen unter den Polen glauben, wirklich der Volksverräther, der seine immensen Fähigkeiten dem nationalen Feinde als Waffe gegen seine eigenen Landsleute geliehen?

Wir und mit uns alle besonnenen Polen sind weit davon entfernt, einen Mann, der seit 1831 von Hofluft sich ferngehalten zu einer Zeit, wo mancher hohe Adlige in Polen um kaiserliche Gunst zu buhlen nicht verschmähte, einen Mann, dessen Unabhängigkeitssinn bewährt und dessen Stolz fast sprüchwörtlich ist, des Volksverrathes zu beschuldigen, für welchen schwerlich ein persönliches Motiv aufgefunden werden könnte. Aber sein leidenschaftliches despotisches Temperament, das wir bereits in der ersten Epoche seiner Amtsverwaltung als Kultus- und Justizminister kennen gelernt haben, begleitete ihn auch in die neue Würde und trieb ihn in eine stets grössere Gereiztheit gegen den Adel, der ihm die seiner Zeit ebenfalls aus persönlicher Verstimmung hervorgegangene Aufhebung des landwirthschaftlichen Vereins nicht vergessen konnte, und gegen die städtische Bevölkerung, die nicht mit unbedingtem Vertrauen und lautem Jubel den Grossfürsten als Statthalter und ihn als Chef der Civilregierung begrüssen wollte.

Wir haben oben die Landestrauer in ihrer Bedeutung als national-sittlicher Hebel und zugleich als Ausdruck der national-politischen Wünsche, denen die Wielopolskischen Gesetzentwürfe keine Rechnung trugen, besprochen. Von diesem Gesichtspunkte blickte das ganze Volk auf die Trauer und wollte sie beibehalten, bis es seine nationalen Interessen in der Regierung gesichert sähe. Wielopolski aber sah in der Trauer nur das Werk der revolutionären Agitation und wollte, die Nation sollte den Attentaten gegenüber durch Ablegung der Trauer bekunden, dass sie von dem terroristischen Einfluss der revolutionären Partei sich losmachen wolle.

Eine leise Andeutung dieser Anmuthung enthielt die Anrede des Grossfürsten an die ihn beglückwünschenden Körperschaften in der Fassung, welche die amtliche Veröffentlichung im „Dziennik Powszechny" ihr gab; deutlicher sprach der Markgraf kurz darauf vor dem Stadtrathe sich über die Nothwendigkeit, die Trauer abzulegen, aus; in demselben Sinn erschien im Juli in der Schlesischen Zeitung ein Leitartikel über Polen, dessen Ursprung leicht zu errathen war, als er bald darauf in polnischer Uebersetzung im „Dziennik Powszechny" auftrat. Als trotzdem die Trauer nicht beseitigt wurde, erliess der Markgraf an alle Beamten des Landes eine das Nationalgefühl auf's höchste erbitternde Verordnung über die Trauer, deren Abzeichen, wie erwähnt, der niedrige Filzhut oder die einfache Mütze war. Wir lassen hier die wortgetreue Uebersetzung der unheilvollen Wielopolskischen Verordnung mit all ihrer stylistischen und logischen Gewundenheit folgen:

„Die Beamten aller Behörden haben von ihren Oberen den Befehl erhalten, dass sie zur Unterscheidung von der Partei der Anarchie, welche in letzter Zeit den Mannspersonen den Gebrauch der im civilisirten Europa üblichen Form von Hüten verboten hat, von nun an öffentlich Cylinderhüte tragen sollen, da jede andere wie auch immer geartete Kopfbedeckung ihnen als Antheil angerechnet werden wird an den der Stadt Warschau von einer Verbrecherbande aufgedrängten Manifestationen."

Wir können dem Leser füglich das Urtheil über diesen echt byzantinischen Befehl überlassen, der beiläufig gesagt nur von wenigen höheren Beamten befolgt wurde; wir erzählen hier nur, dass ein Schrei der Entrüstung durch das Land ging gegen den an der Spitze der Regierung stehenden Mann, der als Pole die nationalen Wünsche mit den stattgehabten Mordversuchen in unmittelbare Verbindung brachte. Man wusste wohl, dass Wielopolski die Vereinigung des Congressreiches mit den russisch-polnischen Provinzen eine politische Träumerei nannte, dass vielmehr der Panslawismus unter russisch-dynastischer und polnisch-nationaler Hegemonie sein Dogma war; man wusste, dass er dem Czechismus ein Auge zuwarf und Galizien nächstens als reife Frucht abzuschütteln hoffte, um sie dem russischen Kaiser zu Füssen zu legen; aber dass er mit dem Namen des „Verbrechens" jene Wünsche bezeichnen könnte, die alle Parteien, wie verschieden sie auch über die Mittel und über die Dringlichkeit ihrer Verwirklichung dachten, in gleicher Weise theilten, — das hätte man dem ehemaligen Diplomaten der Revolution von 1831 niemals zugetraut.

Und diese Verordnung erliess die Regierung nicht etwa kurz vor dem Ausbruch des Aufstandes, als bereits Alles sich von ihr abgewandt hatte, sondern am 18. August, als unter dem frischen, erschreckenden Eindruck der Attentate die Bevölkerung Warschaus mit dem Stadtrath an der Spitze dem Treiben der in Raserei gerathenen Rothen offen entgegenzuwirken, d. h. die Regierung zu unterstützen sich anschickte.

An demselben Tage schlug die Regierung noch einmal der öffentlichen Meinung in's Gesicht durch die Amtsentsetzung des Stadtpräsidenten (Oberbürgermeister) Wojda, der dafür „im Interesse des Dienstes" entlassen wurde, dass der Stadtrath bei einer Revision des Rathhausgefängnisses haarsträubende Missbräuche entdeckte und mit der Bitte um Abhülfe zur Kenntniss der Regierung brachte. Es wurde, um das Wesentlichste aus dem betreffenden Berichte hervorzuheben, actenmässig festgestellt, dass in diesem Polizeigefängniss vom 1. Januar bis zum 20. Juli nicht weniger als 14,833 Personen, also etwa der zehnte Theil der Warschauer Einwohnerschaft von einem Tage bis zu vier Monaten zugebracht haben. Ferner wurde ein für eine angebliche politische Manifestation arretirter vierzehnjähriger Knabe mit 14 des gemeinen Diebstahls verdächtigen Individuen in einer Zelle angetroffen. Eine Frau mit einem vierjährigen kränkelnden Kinde sass wegen Legitimationslosigkeit mit 34 anderen Frauen in einem gemeinschaftlichen engen und schmutzigen Arrestzimmer, während andere Zellen ganz leer standen. In einem Flächenraum von c. 400 Quadratfuss, bei einer stickigen Temperatur von etwa 30 Grad befanden sich dreissig Personen, die ohne Laternen betroffen waren. Diesem Zustande entsprechend waren die Ermittelungen über Ernährung, Wäsche, Kleidung und sonstige Bedürfnisse der Gefangenen.

Zugegeben, dass die Regierung mit ihrer Interpretation im Rechte war, wornach dem Stadtrath nur ein thatsächlicher Bericht über den Zustand des Gefängnisses ohne ein Eingehen auf den Grund und die Dauer der Verhaftungen zustände, wiewohl es nicht gut möglich ist, die Behandlung und die Gesellung der Gefangenen von dem Charakter der ihnen zur Last gelegten Vergehen, so wie die Entziehung der unentbehrlichsten menschlichen Bequemlichkeiten von der Dauer der Haft unabhängig zu machen und dennoch richtig zu würdigen: so waren doch die in jenem Gefängnisse gemachten Entdeckungen zu grauenhaft, als dass nicht die Regierung einen Ausnahmefall hätte statuiren müssen, und die Institution der Stadträthe zu jung, als dass nicht eine Zurückweisung in die gesetzlichen Schranken hätte genügen sollen. Statt dessen erhielt der Inspector des Gefängnisses, dem die gröbsten Missbräuche und Unterschlagungen nachgewiesen waren, eine leichte Rüge, während der Stadtpräsident in ehrenkränkender Weise entlassen wurde. Der Chef der Civilverwaltung nämlich nahm einen Tag nach dem zweiten Attentate auf seine Person die Beglückwünschung des Stadtraths unter Anführung des Präsidenten, der die ihm bevorstehende Massregelung noch nicht ahnte, entgegen und kündigte bei dieser Gelegenheit an, dass er nunmehr durch die auf seine Vorstellung bei Sr. Majestät erwirkte Ernennung seines Sohnes Sigismund Wielopolski zum Stadtpräsidenten in engere Beziehung zur städtischen Verwaltung treten würde. Als der bisherige Stadtpräsident Wojda vom Empfange heimkehrte, fand er sein Entlassungsschreiben vor.

Dieser Vorgang war um so verletzender, als Wojda bisher nur von seiner Loyalität gegen die russische Regierung bekannt war. Prinzipiell aber war dieser Schritt von doppelter Bedeutung, denn der Markgraf gab dadurch zu erkennen, dass er eben so wenig, wie sein von ihm getadelter Vorgänger, die ökonomischen Verbesserungen auf die öffentliche Meinung und deren Organe zu stützen gesonnen war, und dass er nur blindlings seinem Willen ergebene Personen, wie etwa seinen Sohn, um sich zu dulden vermochte.

Um der Zurückweisung des Stadtrathes einen noch verletzenderen Nachdruck zu geben, veröffentlichte die Regierung im September einen von dem des Stadtrathes scheinbar unabhängigen Bericht, der in der Zahlenangabe übereinstimmend, aber die Missbräuche verschweigend mit der Einleitung begann, dass der Grossfürst schon vor seiner Ankunft in Warschau Kunde erhalten hätte von dem unbefriedigenden Zustande der Gefängnisse und insbesondere des Warschauer Stadtgefängnisses, und demgemäss ein Comité zur Untersuchung der Missstände, resp. zu deren Abhülfe eingesetzt worden wäre. Solcher kleinlicher und unredlicher Mittel, um den „ausserhalb der bureaukratischen Hierarchie gestellten" Personen die Initiative, zu Verbesserungen streitig zu machen, bediente sich die Wielopolskische Regierung noch öfter, wie wenn sie's darauf abgesehen hätte, ihre wohlmeinenden Anhänger von sich abzustossen.

Eben so schroff verhielt sich die Wielopolski'sche Regierung gegen die Presse und enttäuschte schnell die bescheidensten Erwartungen Derjenigen, welche selbst von den nationalen Wünschen einstweilen absehen mochten. Wenn auch die sanguinischen Verheissungen, welche Petersburger Depeschen und Korrespondenzen dem Grossfürsten Constantin voranschickten, in Polen mit ungläubigem Kopfschütteln aufgenommen wurden, so erwartete man doch wenigstens von der Regierung Constantin's, dass sie bis zum Erlass eines Pressgesetzes der Tagespresse innerhalb der Censurschranken etwa denjenigen freien Spielraum gewähren würde, dessen sie in Russland zur Zeit sich erfreute, wo trotz Censur innere und äussere Angelegenheiten mit ziemlichem Freimuth besprochen werden durften.

Eine solche Presse in Polen, wo die öffentliche Meinung viel rühriger und die Verhältnisse kleiner sind als in dem unübersehbaren Russland, hätte sich in Kürze zur Wächterin der öffentlichen Ordnung nach unten und nach oben hin emporgeschwungen, hätte den geheimen Schriften den Reiz des freien Ergusses, dem sie vorzüglich ihren Einfluss verdankten, genommen und die Regierung in den Stand gesetzt, sich durch Discussionen in beständiger Verbindung mit dem Volke zu erhalten, aber freilich auch genöthigt, all ihre Massregeln auch ihrerseits offen und redlich zu betreiben,

Aber die Regierung bezeichnete von vorn herein die Stellung, welche sie der Tagespresse einzuräumen gedachte, als nach dem Attentate auf den Grossfürsten eine der angesehensten Zeitungen einen Aufruf an das Volk erlassen wollte, in welchem sie in warmen patriotischen Worten die

Verwerflichkeit der Attentate von nationalem Gesichtspunkte beleuchtete und dieselben als Befleckung der nationalen Sache darstellte. Dieser Aufruf wurde in der Censur „auf höheren Befehl" gestrichen. Anstatt der Presse sollten die Gymnasialdirectoren und Religionslehrer als Organe der Regierung im Kreise ihrer Zöglinge und Freunde die Grundsätze der Religion und Moral gegen die Attentate aufrufen, wozu sie durch ministerielles Rundschreiben aufgefordert wurden, welches den Zwangscurs durch alle Zeitungen machen musste.

Die Unterdrückung eines solchen Zeitungsartikels „auf höhern Befehl" genügte, um die Censoren an die alte Praxis des Muchanow'schen Systems, und die Presse an die Bürgerpflicht der Ruhe zu mahnen. Nach einigen ähnlichen bitteren Erfahrungen hörten die Zeitungen auf, die Censur mit Artikeln über innere Fragen vergeblich zu behelligen, und warfen sich dafür um so eifriger auf die auswärtigen Tagesfragen, um unter dieser Maske den Kampf für den eigenen Heerd zu versuchen. Aber auch dies wurde dem Chef der Civilregierung bald unerträglich, und der seltsame Mann gerieth auf den unglücklichen Gedanken, den Zeitungen die Besprechung ausländischer Angelegenheiten in Leitartikeln oder selbständigen Correspondenzen zu untersagen, damit sie, so wird das Verbot motivirt, sich dadurch veranlasst fänden, nach dem Beispiel des amtlichen Blattes innere Fragen zu behandeln. Wir können uns nicht versagen, aus dem erst am 22. September veröffentlichten, aber aus seinen praktischen Folgen schon früher bekannt gewordenen Aktenstücke, welches in der Geschichte der Pressverordnungen **wohl seines Gleichen nicht hat**, einige Stellen herauszuheben:

„Vor einiger Zeit forderten die Warschauer Tagesblätter laut und dringend die Erlaubniss, über die inneren

Angelegenheiten des Landes, seine Verwaltung, Bedürfnisse u. s. w. schreiben zu dürfen. .... In Uebereinstimmung mit diesem Wunsche unserer Presse und um selbst die dazu nöthige Initiative zu geben, wurde das ehemalige Amtsblatt, (Gazeta Ruzdowa) in den „Dziennik Powszechny" umgewandelt, in welchem mit der Veröffentlichung von Artikeln und Abhandlungen über Gegenstände und Fragen der inneren Verwaltung der Anfang gemacht wurde. Die Privatblätter haben denn auch zur Zeit diese Veränderung freudig begrüsst und betraten grösstentheils sofort den Weg nützlicher Prüfung der Landesangelegenheiten. Jedoch bald fehlte es ihnen an Ausdauer, und sie verliessen, sei es in Folge des Druckes, den die schüchterne und irregeleitete öffentliche Meinung auf sie ausübte, oder auch weil ihnen die nöthigen Studien fehlten, schnell das früher so ersehnte Feld und gingen zu Artikeln und Abhandlungen über auswärtige Politik über, welche in der letzten Zeit einen für die Verhältnisse des Königreichs in vieler Beziehung reizbaren Charakter annahmen. Da ausserdem Uebelwollende diese Richtung der Presse der Beschränkung ihrer Freiheit in der Behandlung innerer Fragen zuschrieben, so hat die betreffende Behörde, in Anbetracht dass die blosse Aufmunterung durchs Beispiel erfolglos geblieben ist, der Censur aufgetragen, unter Belassung der bisherigen Freiheit in der Behandlung der innern, die Landesverwaltung betreffenden Gegenstände, wovon auch Discurse mit ausländischen Zeitungen über diesseitige Verhältnisse nicht ausgeschlossen sein sollen, bis auf weitere Verfügung Leitartikel oder andere raisonnirend gehaltene Aufsätze über auswärtige Politik zu verbieten, was jedoch den Zeitungen die Möglichkeit nicht benehmen soll, Nachrichten über Vorfälle in fremden Ländern mit Angabe der Quellen für diese Mittheilungen zu veröffentlichen."

Zum Schluss knüpft das amtliche Organ an diese Verfügung folgende Bemerkung: „Ob dieses Mittel die Warschauer Zeitungen aus ihrer Verblendung zu führen im Stande sein wird? ob sie's werden verstehen und als Grundsatz für ihr Verfahren annehmen wollen, dass die glänzendsten Angelegenheiten des Auslandes erlöschen Angesichts der vaterländischen Bedürfnisse und Bestrebungen, das wird die Zukunft lehren. In keinem Falle können Censurhindernisse fortan den Leitern unserer Presse zum Vorwande für ihre Zurückhaltung dienen, besonders da es ihnen an Fähigkeiten dazu (sic) nicht fehlt."

Wir übergehen die logischen Krümmungen dieser Verordnung, die Verdrehung der thatsächlichen Verhältnisse, die hierbei zum Ausgangspunkt genommen wurde, so wie die nicht sehr edle Herausforderung, die das privilegirte Blatt seinen an den Händen gebundenen Kollegen zuschleuderte; nur eine schlagende Thatsache führen wir hier an. Die „Gazeta Polska", die gleich allen übrigen Zeitungen obige Veröffentlichung des Regierungsblattes nachdrucken musste, versuchte die verheissene freie Kritik an eben diese Verordnung zu knüpfen und die Stellung der von der Censur eingehegten Privatpressen zu dem für die Behandlung innerer Fragen als Muster hingestellten amtlichen Organ zu beleuchten. Aber die Censurscheere fuhr auch durch dieses Raisonnement wie durch so viele früheren, nur mit dem Unterschiede, dass diesmal das Inhaltsverzeichniss an der Spitze übersehen wurde, so dass dort die beredten Worte: „Dziennik Powszechny im Verhältniss zu den übrigen Zeitungen" stehen blieben, um dem Lande Zeugniss abzulegen von der Freiheit der Kritik, wie sie Markgraf Wielopolski verstand. Der Gesetzgeber, wie Wielopolski in den amtlichen und halbamtlichen Publicationen sich gern nennen liess, kannte das einfachste Gesetz der menschlichen Natur nicht, dass selbst im Privatleben Jedem das Vertrauen versagt wird, der durch irgend welche Verhältnisse unfrei in seinen Aeusserungen ist. Wielopolski wollte die Presse zwingen, aus ihrer Passivität heraus und für ihn in die Schanze zu treten, um nur s e i n e Auffassung der Sachlage verbreitet zu sehen; die Folge aber davon war, dass die Zeitungen selbst dann schwiegen, wenn sie die Regierungsmassregeln loben konnten und mochten.

Dem Markgrafen wurde unheimlich in dieser Todesstille, und der „Dziennik Powszechny" setzte sich einen Ableger in dem satyrischen Blatte „Komunaly" (Gemeinplätze) Miniszewski's, um so in Schimpf und Ernst gegen die unausgesprochenen Gedanken und Wünsche des Volkes zu Felde zu ziehen oder das „unterirdische Reich" des geheimen Centralcomité durch Angriffe auf die nationalen Bestrebungen zu verhöhnen. Diese Angriffe wurden immer brüsquer, je tiefer die Verachtung war, der die „Komunaly" im Volke begegneten, je mehr ihr Redakteur zu dem traurigen Gefühle kam, sich vom Volksbewusstsein abgetrennt zu haben.

Unter günstigeren Pressverhältnissen und bei einem edleren Charakter hätte der talentvolle Miniszewski Grosses leisten können, denn er verstand es, die wahren Gebrechen des polnischen Volkes meisterhaft scharf zu zeichnen, und Vieles erinnert in seinen Aufsätzen an Fichte's „Reden an die deutsche Nation". Aber während Fichte von nationaler Begeisterung getragen und jedes seiner Worte von dieser Begeisterung durchhaucht war, sprach aus den „Komunaly" die unter den Schutz der materiellen Gewalt sich flüchtende gemeine Käuflichkeit, die Verworfenheit der Gesinnung, welche auch das Edelste herabzieht, so bald es ihren Zwecken nicht dient. Und dieser von der Censur begünstigte Lohnschreiber, der dem Direktor der Kommission des Innern „zu besonderen Aufträgen" attachirt war, dem das Justizministerium seine Druckerei zu Gebote stellte, galt als der Mund der Regierung und speciell Wielopolski's.

Unter solchen Verhältnissen löste die Regierung sich immer mehr von den gemässigtsten Elementen des Volkes ab, da Niemand mit den unter ihrer Aegide geschleuderten Ausfällen gegen die heiligsten Empfindungen der Nation auch nur in den Schein einer Gemeinschaft treten mochte. Wielopolski, der bei seiner Rückkehr aus Petersburg als Repräsentant des nationalen Elementes in der Regierung angesehen wurde, hatte aufgehört im Volke zu fussen, und was noch viel wesentlicher, die öffentliche Presse war nicht im Stande, den geheimen oder vielmehr den offenkundigen Agitationen der Aktionspartei entgegen zu treten, wenn sie sich nicht mit jenen volksfeindlichen Expektorationen des „Dziennik" und der „Komunaly" identificiren wollte. Die auswärtige polnische Presse aber, wie „Dziennik Poznanski" u. A., welche nicht genug vor Umsturz und Uebereilung warnen konnte, war im Königreich Polen verboten, und so behaupteten die geheimen Blätter das Feld und verbreiteten ihren Radikalismus immer weiter in alle Schichten des Volkes, je mehr die Erbitterung gegen die Regierung sich steigerte. Zu letzterem aber trug die Wielopolskische Civilverwaltung mindestens eben so viel bei, wie die von derselben fast unabhängige Militärregierung, von welcher die politische Polizei und Gerichtsbarkeit gehandhabt wurde.

Grossfürst Constantin kam in der Absicht nach Warschau, die dauernde Beruhigung des Landes endlich herbeizuführen, und in der Ueberzeugung, dass die von der vorigen Regierung begangenen schreienden Gewaltthätigkeiten einer sofortigen Remedur bedürfen. Darauf deutete auch der Passus in seiner Instruction, der ihm das kaiserliche Recht der Begnadigung einräumte. Die Erwartung war daher ganz allgemein und berechtigt, dass der Grossfürst seine Regierung durch eine allgemeine Amnestie einleiten werde. Als diese Erwartung sich nicht erfüllte, verkündigte die Regierung unter der Hand durch ihr nahestehende Privatpersonen, dass eine Revision sämmtlicher, während des Kriegszustandes erlassener Verurtheilungen im Werke wäre, und je nach deren Ergebniss sollten, um dem verletzten Recht eine Sühne zu geben, statt Amnestieen Kassationen, Strafmilderungen u. s. w. eintreten. In der That ging auch eine Militärkommission ad hoc mit der Revision der Lüders'schen Dekrete vor, in Folge dessen mehrere Strafurtheile, namentlich gegen Frauen, als a u f g e h o b e n verkündet wurden. Doch diese Procedur schien dem Militärkabinet, das sich sehr schell um den Grossfürsten zum Theil aus den alten Elementen gebildet hatte, zu radikal, und es wurde wieder der Weg der Amnestieen eingeschlagen. Der 8. August als Geburtstag des Kaisers und Tauftag des grossfürstlichen Sohnes eröffnete die Reihe der Begnadigungen. Aber einerseits waren seit der Ankunft des Grossfürsten schon wieder so viele nächtliche und Strassenverhaftungen vorgekommen, andererseits kam dieser längst erwartete Gnadenakt so spät, dass sein Eindruck schon im Voraus sich abgeschwächt hatte. Ferner wurden anstatt der allgemeinen Amnestie nach Kategorieen, die der Ausdruck eines veränderten Regierungssystems wäre, persönliche Begnadigungen verkündigt, und diese in so ungeschickter Auswahl, in so vielen Absätzen und oft in so kleinen Dosen, dass die principielle Bedeutung der Massregel in den Hintergrund trat und das Ziel der Aussöhnung verfehlt wurde. Es blieb vielmehr und steigerte sich noch der Groll gegen die Regierung, die dem Volke die Genugthuung nicht gönnen mochte, das was sie selbst als Unrecht erkannt, auch als solches öffentlich gelten zu lassen, und dieser Umstand versetzte die Intelligenteren unter den Begnadigten, wenn sie der Regierung sich näherten, in eine schiefe Lage, da das Volk sie durch die ihnen zu Theil gewordene persönliche Gnade befangen wähnte und das Vertrauen zu ihrer Unparteilichkeit verlor. Wie wenig Grossfürst Constantin seine Mission für die Heilung des schwer gekränkten Rechtsgefühls erfasste, beweist folgendes Faktum auf's Klarste.

Unter den Verhafteten vom 8. April 1861 befand sich auch der Schüler der Kunstakademie Nowakowski. Unsere Leser werden sich erinnern, dass damals von Wielopolski ein schwacher Versuch gemacht wurde, die Civilgerichte in die Stelle der militärischen für politische Vergehen einzuschieben. Nowakowski wurde nach mehr als einjähriger Prozedur, während welcher er in strengster Festungshaft verblieb, von allen Instanzen, den Senat nicht ausgenommen, freigesprochen; nichts desto weniger verschickte ihn das Militärcommando im Mai 1862 nach der sibirischen Stadt Krasnojarsk. Nach dem Regierungsantritt Constantin's richtete der Bruder Nowakowski's unterm 19. Juli ein Immediatgesuch an den Grossfürsten Statthalter um Freilassung seines widerrechtlich der persönlichen Freiheit beraubten Bruders und erhielt nach mehreren Monaten durch den Polizeikommissarius seines Bezirks den Bescheid, dass „seine Bitte keine Berücksichtigung verdiene."

Zur Erklärung eines solchen Verfahrens seitens eines Fürsten, der allgemein den Ruf liberaler Gesinnung geniesst, müssen wir hier auf die russische Rechtsanschauung verweisen, welche die Ausweisung nach Sibirien nicht etwa als eine Strafe, als eine nur auf begangene und constatirte politische Verbrechen zu begründende Beraubung der persönlichen Freiheit betrachtet, sondern als ein Palliativmittel gegen die etwaige Versuchung zu Staatsvergehen. Es ist dies dasselbe System, das sich in der vorpestalozzischen Pädagogik geltend machte, als man die Schuljugend des Sonnabends vor ihrer Entlassung unterschiedslos über die Bank legte, um sie zu bestrafen nicht etwa für begangene Bubenstreiche, sondern für diejenigen, die sie durch die Sonntagsmusse verleitet, begehen könnte.

In Russland ist in der That der Begriff der persönlichen Freiheit noch nicht so entwickelt, dass die Internirung eines Menschen in dieser oder jener Stadt sonderlich auffiele; in Polen aber genügte e i n e solche Thatsache wie die obenerwähnte zumal in den jugendlichen Kreisen, denen Nowakowski angehörte, um die nationale Nervosität zu steigern und um den Grossfürsten in einen Haufen zu werfen mit all den moskowitischen Generalen, die vor ihm und neben ihm das Land regierten.

Wir sagen neben ihm, denn die nächtlichen Verhaftungen auf blosse anonyme Denunciationen oder willkürliche Muthmassungen eines Polizeiagenten dauerten auch unter Constantin fort und nahmen in dem Masse zu, als die Agitationen sich vermehrten, mit denen sie in Wechselwirkung standen. Das Attentat auf den Grossfürsten entfesselte wiederum die durch den versöhnlichen Geist von oben her etwas zurückgehaltenen Polizeimannschaften und Kosackenescorten, die unbarmherzig auf das Publikum einhieben, um irgend einer Equipage des grossfürstlichen Hofes Platz zu machen. Je weniger es der Polizei gelingen wollte, den Herd der Konspiration zu entdecken, desto mehr verhaftete sie auf den Strassen auf's Gerathewohl. Leute wurden verhaftet und entlassen, ohne dass es gestattet war, auch nur mit einer leisen Andeutung solche Thatsachen in den Zeitungen zu berühren. Eben so wenig fühlte das amtliche Blatt sich verpflichtet, irgend eine Auskunft über diese grässlichen Menschenjagden zu geben. Das Kriegsgericht in der Citadelle erschien dem Volke nach wie vor wie ein Vehmgericht und die nächtlich verhaftenden Gensdarmen wie die schwarzen Masken der heiligen Inquisition.

Von den vielen Hunderten von Verhaftungen, die bis zum Aufstande unter Constantin vorkamen, ist meines Wissens nur eine, deren Opfer beim Abdruck des revolutionären „Ruch" betroffen wurde, amtlich mitgetheilt worden, und von allen vom Mai bis December wegen muthmasslicher Theilnahme an der revolutionären Organisation in die Citadelle gebrachten Individuen konnten nur 66 dem öffentlichen Staatsgerichtshof mit ausreichenden Verdachtsgründen übergeben werden.

Es gelang nämlich Wielopolski, ein in Vergessenheit gerathenes russisches Gesetz zur Anwendung zu bringen, welches für Hochverrathsprozesse öffentliche Verhandlung vorschreibt, und die öffentliche Meinung begrüsste diese Massregel als einen leisen Anfang zur Herstellung eines Rechtszustandes. Zuerst kam diese Neuerung gegen Jaroszynski, den Vollstrecker des Attentates auf den Grossfürsten, zur Anwendung. Aber gleich beim zweiten Prozesse gleicher Kategorie wich man von dem Gesetze ab, weil der Angeklagte „Krankheits halber nicht vor ein öffentliches Gericht gestellt werden könnte", während der dritte politische Mörder wieder vor die öffentlichen Schranken kam.

Im Ganzen erzielte die öffentliche Verhandlung in den eben erwähnten Prozessen und noch mehr in dem der 66 Verschworenen gerade das Gegentheil dessen, was die Regierung beabsichtigte und was der Zweck der öffentlichen Gerichtsbarkeit sein soll. Sie deckten den erschreckenden Mangel an Rechtssinn und Rechtsform in den Militärgerichten auf und brachten über die Misshandlungen der Gefangenen, über die zur Erpressung von Geständnissen angewandten Mittel und über die sittliche Würde der militärischen Instructionsrichter Dinge zum Vorschein, welche weit entfernt die Aussagen der Inculpaten als freiwillig und zuverlässig erscheinen zu lassen und das Rechtsgefühl zu beruhigen, vielmehr die Zuschauer mit womöglich noch tieferem Hasse gegen alles Moskowitische erfüllten.

Beiläufig sei hier zur Charakteristik russisch-politischer Kriminaljustiz angeführt, dass der Prozess der 66 Verschworenen, durch den inzwischen ausgebrochenen Aufstand sistirt, gar nicht mehr fortgesetzt wurde, und über das Schicksal dieser Angeklagten seitdem Nichts mehr veröffentlicht worden ist. Eben so bezeichnend ist es, dass gleichzeitig mit jenen öffentlich verhandelten Prozessen andere derselben Kategorie angehörige in den schweigsamen Mauern der Citadelle abgeurtheilt wurden. Es ist demnach, um das hier über die politische Gerichtsbarkeit und die persönliche Sicherheit Gesagte zusammenzufassen, unter dem Grossfürsten Constantin keine Aenderung im System und nur geringe Erleichterung in der Handhabung eingetreten. Die Fortdauer derartiger gesetzlicher Zustände machte sich aber unter diesem Fürsten um so empfindlicher verspürbar, als man Hoffnungen auf ihn gesetzt hatte, die er enttäuschte.

Wir sind bei der Uebersicht der öffentlichen Sicherheitszustände im Königreich bis zum Ausbruch des Aufstandes angelangt und wollen nun wieder in die chronologische Erzählung eintreten, die wir im September verlassen haben.

Während, wie wir sahen, durch die Civil- wie die Militärmacht alles Vertrauen zerrüttet, alle öffentlichen Organe zum Schweigen gebracht waren, und die Gefahr des Aufstandes immer bedrohlicher heranrückte, machte der Adel durch das sogenannte Mandat an den Grafen Zamoyski noch einen Versuch, die Regierung, ehe es zu spät wäre, auf die Bedürfnisse und zwar diesmal auf die nationalen Bedürfnisse des Landes aufmerksam zu machen, die jetzt um so lauter nach Befriedigung riefen und um so unaufschiebbarer geworden waren, als der Erfolg bewies, dass auch die Regierung

Constantin's, weil sie ihnen jede Aeusserung versagte, in zwei Monaten sich völlig abgenutzt hatte, eine Basis im Volke aber zu gewinnen nicht im Stande gewesen war.

Die Entstehungsgeschichte des erwähnten Mandats ist noch nicht genügend aufgehellt, da die betreffenden amtlichen Erläuterungen im „Dziennik Powszechny" und „Journal de St. Petersbourg" die Sachlage mehr verwirrten, als aufklärten, während von polnischer Seite eine authentische Darstellung des Vorganges meines Wissens nicht erschienen ist. Nur so viel ist als sicher anzunehmen, dass Angesichts der dem Lande drohenden gewaltsamen Erschütterungen die ehemals im landwirthschaftlichen Verein repräsentirt gewesene Adelspartei einen Anlauf nehmen wollte, den frühern Einfluss auf die Gestaltung der Landesangelegenheiten wieder zu gewinnen und das Land vor den sonst unausbleiblichen Gefahren dadurch zu schützen, dass sie sich wie zur Zeit der Adresse an den Kaiser zum Organ der nationalen Wünsche machte. Diese Partei benutzte jede Aeusserung der Regierung, aus der zu entnehmen war, dass sie ausserhalb ihres Kreises Rath suchte, um ihre Anschauung der Regierung nahezulegen. Als Graf Lambert in Warschau mit dem Handschreiben des Kaisers erschienen war, welches die Berufung von Vertrauensmännern dem Statthalter als Pflicht auflegte, und als der Adel merkte, dass Lambert mit dieser Berufung nicht Ernst machen wollte, verfasste er eine Adresse, worin die Bedürfnisse des Landes niedergelegt waren. Aber der plötzlich verhängte Kriegszustand machte die Ueberreichung der Adresse unmöglich.

Eine Gelegenheit, das damals Versäumte nachzuholen, glaubte der Adel in dem Aufruf des Grossfürsten an das Volk vom 27. August gefunden zu haben, worin die „Polen" aufgefordert werden, im Namen der Liebe zum „Vaterlande" sich von dem terroristischen Einfluss der Umsturzpartei, welche bereits drei politische Mörder ausgesandt hätte, zu befreien. Um dieselbe Zeit als die Adelspartei eine Zusammenkunft in Warschau vorbereitete, hatte, vielleicht im Zusammenhange damit, eine vertrauliche Unterredung des Grafen Zamoyski mit dem Grossfürsten statt, in welcher der Erstere, um seine Ansicht über die Lage des Landes befragt, Aufschlüsse gab, die seinem alten Gegner, dem Markgrafen Wielopolski, nicht erwünscht zu kommen schienen. Wenigstens ging zur Zeit das Gerücht, dass die Stellung des Markgrafen zu wanken anfange. Auch dies lässt sich als constatirt annehmen, dass Graf Zamoyski in jener Unterredung mit dem Grossfürsten sich erbot, mit mehreren Gesinnungsgenossen über die zur Beruhigung des Landes geeigneten Mittel in Berathung zu treten und dass der Grossfürst dieses Anerbieten stillschweigend hinnahm.

Durch diese Umstände ermuthigt beschloss die etwa aus 300 Mitgliedern bestehende Adelsversammlung, in der Form eines Briefes an den Grafen Zamoyski (denn eine Adresse an die Regierung oder an den Kaiser war nach den bestehenden Vorschriften unstatthaft) diesen als „Repräsentanten des Geistes der Nation" zu der Erklärung vor dem Grossfürsten zu ermächtigen: sie, die Versammelten, hielten sich zwar von der Theilnahme an den neu verliehenen Institutionen nicht fern, trügen jedoch die Ueberzeugung in sich, dass das Land durch die bisher angewendeten Mittel in eine Lage gebracht ist, in welcher die Anwendung der Militärgewalt mit allen ihren Folgen nur zu stets grösserer Erbitterung führen und „auf einen für die Regierung wie für die Regierten stets verderblicheren Weg drängen muss". „Wir werden als Polen, so schliesst das Mandat, die Regierung erst dann mit unserem Vertrauen unterstützen können, wenn die Regierung uns angehörig, polnisch, sein und wenn alle Provinzen, die zu unserem Vaterlande gehören, unter einer Verfassung mit freien

Institutionen verbunden sein werden. Hat ja doch der Grossfürst selbst in seinem Aufruf unsere Vaterlandsliebe gepriesen; wir können diese Liebe nicht theilen und lieben unser ganzes Vaterland in den Grenzen, welche ihm Gott angewiesen und die historischen Traditionen abgesteckt haben."

Zum ersten Mal seit der Bewegung waren jetzt die bisher nur durch Demonstrationen kundgegebenen Wünsche des Volkes in einem Schriftstück genau formulirt worden. Dasselbe forderte, wie wir sehen, eine Verfassung und die Vereinigung aller von Russland beherrschten polnischen Landestheile, stellte aber zugleich der Regierung des Markgrafen Wielopolski das Zeugniss aus, dass sie dem Volke nicht angehörte, nicht die Kräftigung der polnischen Nation erstrebte.

Was Wielopolski unternahm, um seinen wankenden Einfluss wieder zu befestigen, wissen wir nicht anzugeben; wir wissen nur, dass es ihm gelang, seines an Geburts- und Seelenadel ihn überragenden Gegners sich zu entledigen. Noch ehe das erwähnte Mandat unterschrieben war, wurde Graf Andreas Zamoyski von der Warschauer Regierung unter Escorte nach Petersburg geschickt, „um sich vor dem Kaiser zu verantworten". Hier wurde er sehr freundlich empfangen, aber angewiesen, sich „einige Zeit" ausser Landes aufzuhalten, „damit sein Name nicht zu regierungsfeindlichen Manifestationen gemissbraucht werde".

Während der erwähnten Berathungen liess Markgraf Wielopolski im „Dziennik Powszechny" seinem Zorne über den Adel und die von ihm vertretenen nationalen Wünsche, deren sinnlicher Ausdruck, wie bereits oft erwähnt, die Volkstrauer war, die Zügel schiessen. Das amtliche Blatt vom 9. September druckte, wie schon früher, eine geheime Proklamation in seinen Spalten ab, welche diesmal „an die Schwestern im Lublin'schen" die Aufforderung richtete, von dem allgemein angenommenen Gebrauch der Trauerkleider nicht abzuweichen. An dieses unbedeutende Schriftstück knüpft das Regierungsblatt folgende beissende Bemerkung: „Dieses Schreiben beweist, dass bei den gebildeteren und von eigener Ueberzeugung geleiteten Gutsbesitzern im Lublin'schen eben so wie in anderen Gegenden des Landes die Trauer zu weichen beginnt. An manchem Orte, wo sie noch sich sehen lässt, nennt sie das Landvolk Trauer nach dem (aufgehobenen) Frohndienst; in ähnlicher Weise könnten die Juden in mancher Stadt in der Provinz sagen, dass es die Trauer um den Verlust der Privilegia de non tolerandis Judaeis bedeute." Dieser hämischen Insinuation, als ob der nationalgesinnte Theil des polnischen Volkes, d. h. der Grundbesitz und die städtische Intelligenz, dem Feudalismus huldigte, während doch faktisch die Gleichberechtigung aller Staatsgenossen der erste Ruf der nationalen Bewegung war, fügt das Regierungsblatt noch die drohende Bemerkung hinzu, dass die jetzige Regierung, welche die humanen Bestrebungen des polnischen „Bauernkönigs" Kasimirs des Grossen wieder aufgenommen, „das zahlreichste und in den staatlichen Organismus jüngst eingereihte Element der Bauern," so wie die Juden wohl für sich gewonnen haben dürfte.

So deckte denn der Markgraf in seiner leidenschaftlichen Erregtheit das längst geahnte Geheimniss der Regierung auf, dass sie, wie ihre Vorgängerin, bei ihren Verbesserungen nicht das polnische volkswirthschaftliche, sondern das russisch-politische Interesse, nicht die Stärkung, sondern die Schwächung des Staatsorganismus durch Erhaltung der feindlichen Gegensätze im Auge hatte. Der Mann, der nach den galizischen Vorgängen des Jahres 1846 dem Fürsten Metternich den berühmten „lettre d'un gentilhomme polonais" zudonnerte, war nun genau auf dem Standpunkte jenes längst gerichteten Ministers angelangt. Auch er wollte die Bauern gegen ihre Herren, und ausserdem noch die Juden gegen die christlichen Landeseinwohner aufreizen. Um die Tragweite eines solchen Artikels in dem Regierungsblatte und die Erbitterung, die er hervorgerufen, zu bemessen, muss in Anschlag gebracht werden, dass das amtliche Blatt, das einzige im Lande, frei über innere Fragen sprechen durfte und eine Entgegnung also nicht möglich war.

Von der Ausweisung Zamoyski's und der so schroffen Abfertigung und Bedrohung des Adels scheint sich die Bildung des s. g. weissen Comité zu datiren, welches, ohne ein direktes Ziel sich zu setzen, zunächst nur eine den ehemaligen landwirthschaftlichen Verein vertretende engere Organisation aller durch Besitz und Besonnenheit zum Konservatismus hingezogenen Elemente im Auge hatte, um im gegebenen Falle als geschlossene Gesammtheit ihr entscheidendes Gewicht in die Wagschaale werfen zu können. Wenigstens sehen wir in den folgenden Monaten die in Lithauen, Volhynien und Podolien einberufenen Adelsversammlungen (Provinziallandtage) mit gleichen nationalen Forderungen, wie die im Mandat an Zamoyski ausgesprochenen, auftreten, die aber dort mit Verhaftungen, gerichtlichen Verfolgungen und Amtsentsetzungen der Adelsmarschälle bestraft wurden. Aus dem Schoosse dieser Organisation des Adels oder richtiger der gemässigten Nationalpartei ging in den ersten Tagen des October ein meisterhaft abgefasster, aber selbstverständlich geheim gedruckter Aufruf an die Handwerker hervor, welcher mit dem Hinweis auf die Attentate beginnt und vor den jugendlichen Fanatikern warnt, die in der Wahl der Mittel zu ihrem Zwecke auch vor verwerflichem Morde nicht zurückbebten und der Handwerker sich als Organe dazu bedienten. Das Schreiben klagt über die Fesseln der Censur, welche eine offene Besprechung der vaterländischen Angelegenheiten unmöglich mache, und dadurch das Vertrauen zu den Besonnenen und Ehrlichen untergrabe, während gerade die erhitztesten Agitatoren oft von eitler Ehrsucht und anderen Leidenschaften sich leiten liessen. Dieser Mangel an Verständigungsmitteln habe es dahin gebracht, dass Alle diejenigen, welche im Laufe der letzten Ereignisse zu Ansehen gelangt wären, in den jetzigen Verhältnissen, weil sie eine andere Ueberzeugung oder auch nur eine andere Ansicht über die Mittel und Wege zum Aufstande hätten als die Fanatiker, von diesen als Selbstsüchtige, Doktrinäre, Feiglinge verschrieen würden und darum einen Einfluss auf den Handwerkerstand zu üben nicht hoffen könnten. Das Schreiben fordert darum, dass sich die einzelnen Gewerke unter irgend einem Titel besonnene und in ihrem Privatleben sittlich bewährte Vertrauensmänner erwählen möchten, um sich von ihnen in jedem gegebenen Falle Raths zu erholen und im entscheidenden Augenblicke führen zu lassen und so vor Ueberstürzung sich zu schützen.

Wir müssen's uns versagen, das umfangreiche geheime Schriftstück hier mitzutheilen, dem man es ansieht, dass sein oder seine Verfasser sich Zwang anthun, um sich revolutionärer, als sie in der That gesinnt waren, zu geben, weil sie sonst durch Nichts ihren Patriotismus und ihre ehrlichen Absichten bekunden konnten. Dank den wiederholten Herausforderungen, welche die Regierung dem Nationalgefühl hingeworfen hatte, war's dahin gekommen, dass wer nicht durch einen anerkannten unantastbaren Ruf sich legitimiren konnte, nicht wagen durfte, die Aufstandsversuche und alle sie begleitenden Gefahren zu verdammen, ohne dem Verdachte nationaler Abtrünnigkeit sich auszusetzen, und dieser Umstand brachte schliesslich alle Parteien zur Ueberzeugung, dass unter dieser Regierung die bewaffnete Erhebung der einzige Weg zur Erlangung nationaler Freiheiten werden müsste; nur ob dieser Weg schon jetzt einzuschlagen wäre, darüber konnte Verschiedenheit der Meinungen herrschen, die aber nicht ausgetauscht werden konnten.

Die Regierung aber schien sich's zur Aufgabe gemacht zu haben, diesen gespannten Zustand zu erhalten und zum Aeussersten zu bringen. Kaum hatte die Aufregung, welche die Ausweisung Zamoyski's, der Artikel über Bauern und Juden so wie die im Vorigen angeführte Pressverordnung hervorgerufen hatten, sich ein wenig gelegt, so erschien (5. October) das längst gefürchtete Rekrutirungsgesetz, dessen Ausführung den Aufstand zur Frühreife brachte.

Achter Abschnitt.

Die Rekrutirung.

Bis zum Jahre 1856 war die Rekrutirung in Russland wie in Polen stets der Schrecken der ganzen militärpflichtigen Bevölkerung und ihrer Angehörigen, aber zugleich auch die goldene Ernte aller hierbei betheiligten Beamten. Mit Beendigung des Krimkrieges wurde die Aushebung zunächst auf drei Jahre eingestellt, und im Jahre 1859 auf weitere drei Jahre verschoben.

Nach dem bis 1859 bestehenden Gesetze konnte zwar der Militärpflichtige einen Stellvertreter für sich kaufen; dies erforderte jedoch eine solche Unzahl von Formalitäten, dass der Exploitation dabei ein weites Feld geöffnet war, in welches die exekutiven Civil- und Militärbehörden einzutreten nicht zauderten. Wer nur irgend die bedeutenden Mittel erschwingen und einen militärfreien Ersatzmann zu kaufen bekommen konnte, machte sich frei. Andere traten, oft nur formell, in die Beamtencarriere, oder wurden Apotheker, Chirurgen, besuchten eine russische Hochschule u. s. w., um der Vergünstigung dieser Stände, denen Militärfreiheit gegönnt war, theilhaftig zu werden, doch waren sie darum vor kostspieligen Vexationen eben so wenig gesichert wie diejenigen, die durch sichtbare Leibesgebrechen oder durch das Recht der einzigen Söhne vor der Aushebung geschützt sein sollten. Wer aber nicht in der glücklichen Lage war, sich durch Stellung, Stellvertretung oder Bestechung befreien zu können, hatte von der ersten Gestellung zur sogenannten Superrevision (Kanton) bis zur erfolgten Aushebung seine Nachtruhe verloren. Jedes Geräusch schreckte ihn von seinem Lager auf, und er glaubte, die rohen Gesichter der für das Geschäft der Aushebung erwählten Soldaten vor sich zu sehen. Es war eine Aushebung im vollen Sinne des Wortes: man wurde aus dem Bette gehoben. Tiefes, düsteres Geheimniss lagerte während der schrecklichen Rekrutirungszeit auf dem ganzen Lande, denn Niemand wusste, wann die Nacht des Unglücks für ihn hereinbricht. Gewöhnlich war für's ganze Land eine und dieselbe Nacht zu dieser Arbeit bestimmt; dann wurden die Häuser überfallen, die Militärpflichtigen herausgerissen und als Gefangene in die Kasematten oder andere Gefängnissorte geschleppt. Dort lagerten sie eine Zeit lang, bis über ihre Fortführung nach dem Garnisonsorte oder ihre Befreiung entschieden war.

Um nämlich des jedem Orte auferlegten, unter allen Umständen aufzubringenden Kontingentes sicher zu sein, wurde ein reichlicher Ueberschuss ausgehoben, der dazu verwendet wurde, etwaige durch freiwillige Entziehung, Krankheit, Untauglichkeit, Tod u. s. w. entstehende Ausfälle zu decken. Nun begann für die Angehörigen der Konskribirten die Zeit der Unterhandlungen mit den zuständigen Beamten, deren Willkür die Auswahl aus dem vorhandenen Menschenvorrath überlassen war. Nach Regulirung dieser Unterhandlungen wurden die in den Gefängnissen Zurückgebliebenen eingekleidet, vereidigt und unter strengster Bewachung, unter Umständen auch an einander gebunden, Monate hindurch transportirt, bis sie an ihrem Bestimmungsort ankamen, wo die harte Schule fünfundzwanzigjähriger Leiden für sie begann. War die regelmässig wiederkehrende Entziehung so vieler der besten Manneskräfte auf so viele Jahre an und für sich eine volkswirthschaftliche Plage für das ganze russische Reich, so hatte die Aushebung für Polen vollständig die Bedeutung einer Ausrottung, denn unter Kaiser Nikolaus wurde dafür gesorgt, dass den Polen die durch Klima oder Kämpfe gefährlichsten Standpunkte angewiesen wurden.

Wir entnehmen einem aus Akten geschöpften Berichte des Kreisrathes zu Petrikau folgende statistische Data, welche die Decimirung des Landes durch die Aushebung in ihrer ganzen Furchtbarkeit darstellen.

Der Petrikauer Kreis zählte zu Ende des Jahres 1862, also nachdem sieben Jahre die Aushebung geruht hatte und die Jugend dem Lande erhalten war, 184,404 Einwohner. Er lieferte in den Jahren 1833 bis 1856 über 11,000 Soldaten, von denen bis zum Jahre 1862 nicht mehr als 498 zurückgekehrt waren und in einem solchen Zustande geistiger und physischer Verkommenheit sich befanden, dass sie den Gemeinden zur Last fielen. Nebenbei waren sie durch die lange Entfernung von der Heimath, da sie grösstentheils den niederen Ständen angehörten, der Sprache und Religion des Landes ganz entfremdet. Schlagen wir der Rekrutenzahl entsprechend den durchschnittlichen Einwohnerstand des Petrikauer Kreises in den Rekrutirungsjahren 1833 bis 1856 auf 150,000 an, so ergiebt sich ein unersetztes Deficit von nahezu 8%.

Im Jahre 1859 erschien ein neues milderes Rekrutirungsgesetz, welches unter Anderem die Dienstzeit verkürzt, die Freiloosung statuirt, statt der kostspieligen, schwierigen Stellvertretung die direkte Loskaufung gegen den Preis von 200 Rubeln gestattet, ausserdem die früheren Befreiungsgründe für Schüler höherer Bildungsanstalten, Beamte, einzige Söhne lebender Eltern u. s. w. beibehält und einen civileren Modus der Aushebung vorschreibt.

Im Jahre 1859 wurde jedoch, wie erwähnt, die Rekrutirung wieder auf drei Jahre hinausgeschoben, und nun sollte zu Ende des Jahres 1862 oder gegen Anfang 1863 das neue Gesetz zum ersten Male zur Anwendung kommen, das für die volkswirthschaftlichen und nationalen Interessen des Königreiches immer noch nachtheilig genug gewesen wäre, um die herrschende Gährung zu steigern. Da erscheint unerwartet eine Ausnahmeverordnung für das Königreich Polen, welche „in Erwägung des Ausnahmezustandes" in diesem Lande nicht bloss die bedeutendste Vergünstigung des Gesetzerlasses von 1859, die Freiloosung wieder aufhebt, sondern auch den Administrationsrath ermächtigt, einzelne, in der Verordnung nicht näher bezeichnete, bisher gültige Befreiungsgründe nach Ermessen unbeachtet zu lassen, so wie von dem in dem neuen Gesetze von 1859 vorgeschriebenen Aushebungsmodus nach Befund abzuweichen. Die ganze Verordnung, wie sie der amtliche „Dziennik" im Auszuge brachte, war so unbestimmt gehalten, dass leicht daraus zu entnehmen war, wie sich die Regierung in ihrer Auslegung vollständig freie Hand lassen wollte, um sie unbehindert gegen jeden politisch Verdächtigen, welcher Kategorie er auch sonst angehörte, in Anwendung bringen zu können. Nicht einmal die Höhe des Kontingents war bezeichnet, so dass auch hierin der Willkür Alles überlassen war. Es hiess in der Verordnung nur, dass für dieses Mal keine ganze, nach dem für's russische Reich gültigen Procentsatz zu berechnende, sondern nur eine „partiale" Aushebung stattfinden solle; aber hiermit gerade war jede Kontrolle über Quantität und Qualität des dem Lande drohenden Verlustes aufgehoben, und die übertriebensten Befürchtungen griffen Platz. Die Worte, dass „in dem gegenwärtigen Ausnahmezustand des Landes die Aushebung nach dem Loose unbequem erscheinen könnte," liessen schliesslich gar keinen Zweifel mehr übrig, dass es der Regierung nicht etwa um die Vermehrung des Aktivstandes im Heere, sondern um Wegführung derjenigen Elemente aus dem Lande zu thun war, welche die Bewegung zu unterhalten verdächtig waren.

Die Befreiung der Ackerbauern und der Gutsbesitzer aus Rücksicht auf die neuerdings in Gang gebrachte Bauernregulirung war die einzige anerkennenswerthe Schonung der Landeskräfte, die jene Verordnung verhiess; und doch war auch diese Milde nur hohler Schein, da die Jugend im militärpflichtigen Alter nur selten Grund' und Boden selbständig verwaltet. Mit einem Worte, das Land sah in dem Rekrutirungsgesetz ein Proskriptionsedikt, und die später in die Oeffentlichkeit gedrungene geheime Instruktion an die Polizei- und Militärbehörden vom 6. Dezember bestätigte diese Ansicht auf's Vollständigste: es sollte auf die „politisch Notirten" das Augenmerk gerichtet sein und keine Rücksicht darauf genommen werden, ob eine Stadt ein verhältnissmässig grösseres Kontingent lieferte, als eine andere, „da der Hauptzweck der Aushebung darin bestände, sich desjenigen Theils der Bevölkerung zu entledigen, welcher durch seine Haltung dazu beitrüge, die öffentliche Ordnung zu stören." Die Nüchternsten und Besonnensten erfüllte die Aushebungsakte mit Entsetzen. Wenn dieselben auch in den Agitationen der geheimen Organisation eine grosse Gefahr für das Land sahen, so konnten sie doch nicht ihre Verdienste um die Wiedererweckung des nationalen Geistes und noch weniger ihren aufrichtigen Patriotismus ableugnen; sie konnten sich der Erkenntniss nicht verschliessen, dass die Agitation allein dem Petersburger Hofe die wenigen Zugeständnisse so wie die Erfüllung derselben abzuringen vermocht und nur durch das geisterdrückende absolute Verfahren der Regierung zu gefährlicher Masslosigkeit hatte anschwellen können; Niemand konnte daher gleichgültig bleiben gegen das Proskriptionsmittel, welches die Blüthe des Landes zu zertreten drohte.

Und endlich wem war die Ausführung dieser Proskription übertragen, wer führte die politische Konduitenliste, wer bezeichnete die „Notirten" zum Kriegsdienste? Dieselben Polizei- und Militärbehörden, deren Unfähigkeit, Patriotismus von Aufruhr zu unterscheiden, schon so viel Unheil über das Land gebracht hatte, dieselben Behörden, welche den Kriegszustand dazu angewendet hatten, um die gemässigtsten Bürger und die edelste Jugend in die Festungen und Strafkolonieen zu schicken oder „bis zum Eintritt der Ruhe" nach Sibirien zu verbannen, dieselben Polizei- und Militärbehörden sollten jetzt nach ihren bisherigen Erfahrungen entscheiden, wer dem Lande gefährlich und dafür zu leiblichem Untergang in irgend einer Czerkessenschlacht oder zu geistiger Versumpfung in dem Kamaschendienst zu verurtheilen sei.

Es war vergebens, dass fast alle Kreisraths-Versammlungen die Aussonderung von Delegationen aus ihrem Schoosse zum Beisitz bei den Kantongestellungen verweigerten und gegen die Aushebung Protest erhoben. Die Kreisräthe wurden je nach der Energie ihrer Aeusserungen zurückgewiesen oder aufgelöst, die Aushebung aber wurde von der Regierung festgehalten und in Feuilletonartikeln aus der spitzen Feder Miniszewski's unter dem Titel: „Organismus der Städte" im amtlichen „Dziennik" als eine heilsame Reinigung der Einwohnerschaft von unproduktiven Elementen verherrlicht.

Die nahen Beziehungen des Feuilletonisten zu Wielopolski, des Letzteren strenge Kontrolle über die amtliche Redaktion, endlich die in dem Rekrutirungsgesetze mehrfach hervorgehobene vollständige Uebertragung aller einzelnen

Aushebungsbestimmungen, die sonst aus dem Petersburger Kriegsministerium auf das militärische Oberkommando emaniren, an das diskretionäre Ermessen des Administrationsrathes, dessen absolutes Oberhaupt der Markgraf war, liessen im Zusammenhange mit dessen übrigem Verfahren seine geistige Autorschaft und seine thätige Theilnahme an der Schreckensmassregel nicht bezweifeln, und dass es ein Pole war, von dem sie ausging, erhöhte nicht wenig die allgemeine Erbitterung.

Einige Tage vor der Aushebung wurde noch beim Grossfürsten über den Modus derselben Berathung abgehalten. General Ramsay, der damalige Oberbefehlshaber des ersten Armeecorps, war dafür, dass die zum Dienst Auserwählten, wie überall in civilisirten Ländern, durch schriftliche Aufforderung einberufen würden, aber seine Ansicht stiess auf wirksamen Widerstand bei Polen, die, wie Ramsay vor meinem Gewährsmann sich äusserte, russischer als die Russen sein wollten.

So wurde denn in der Winternacht des 14. zum 15. Januar 1863 der nächtliche Ueberfall zunächst probeweise in Warschau zur Ausführung gebracht.

Als wir am folgenden Vormittage die Strassen der Stadt passirten, boten sich dem Blicke erschütternde Scenen in Fülle dar. Hier stand ein jammerndes Weib mit einem vor Frost zitternden Kinde auf dem Arme vor einem russischen Obersten, der eben aus dem Rathhause kam und der Flehenden Auskunft geben sollte, ob ihr Mann hier, oder in der Citadelle oder vielleicht irgendwo auf der Flucht sich befände, und die russischen Offiziere, denen das Mitleid vom Gesichte abzulesen war, gaben in solchen Fällen, so weit wir bemerken konnten, bereitwillig jede ihnen zu Gebote stehende Auskunft. Dort stand eine Mutter, in Trostlosigkeit die Hände ringend, das Auge auf das Rathhausgebäude geheftet, vielleicht dass sie einen Blick ihres Sohnes erhaschte. Andere rannten in die Büreau's, um durch Reklamation oder Bestechung diesen Familienvater, jenen einzigen Ernährer seiner Eltern, so lange es noch Zeit war, zu befreien. Wenn Freunde sich begegneten, fragten sie einander mit dem Blicke, ob in ihrem Hause kein Unglück geschehen wäre. Da hörten wir noch viele schauderhafte Nachträge zu den allgemeinen Begebnissen der letzten Nacht. Schreiber dieses kennt selbst einen seit Jahren siechen, buckligen jungen Mann, der, obwohl preussischer Unterthan, in der Aushebungsnacht aus dem Bette gerissen, nach der Citadelle gebracht, dort fürs Sträflingslazareth qualifizirt, in den Schlafrock mit einem weissen und einem schwarzen Aermel gesteckt wurde, von wo er auf Verwendung des preussischen Generalkonsuls, durch viele persönliche Bemühungen und kostspielige Beschleunigungsmittel endlich nach mehreren Tagen heimgebracht werden konnte. Derartige Fälle, ohne so glücklichen Ausgang, wurden viele berichtet. Handelscommis, die des Morgens ihrer gewohnten Thätigkeit nachgingen, wurden zur bestimmten Stunde vergebens in den Comptoirs erwartet; auf Umwegen wurde in Erfahrung gebracht, dass sie einem übereifrigen Polizisten in's Garn gerathen waren, der die Supplementsbeiträge zur nächtlichen Aushebung am hellen Tage und auf offener Strasse zu liefern unternahm. Und so ging's die folgenden Nächte fort, in denen man Diejenigen überfiel oder suchte, die sich in der ersten Aushebungsnacht nicht zu Hause befunden hatten und jetzt vielleicht auf ihrem Lager sich sicher wähnten.

Weitere Nachforschungen ergaben eben so grauenerregende Resultate über die Behandlung der Ausgehobenen. In den ersten Tagen, da die Proviantbehörden noch keine Bestimmungen für die neuen Rekruten getroffen hatten, lebten dieselben vom Mitleid der wachthabenden Offiziere, die sie mit Brod und Wasser kümmerlichst versorgten. In den Sälen, in denen sie untergebracht waren, war weder Raum noch Stroh zu einer Lagerstätte; sie waren so zusammengepfercht, dass sie trotz der Januarwitterung die Fenster aufgesperrt halten mussten, um beständig frische Luft zuströmen zu lassen. Vorkehrungen aber zur Aufnahme der Rekruten wurden wahrscheinlich deshalb weniger als sonst getroffen, damit nicht zu viele Personen, wie Lieferanten u. s. w., in das Geheimniss eingeweiht und die Ueberrumpelung vereitelt würde.

Und dennoch hatte die Regierung ihr eigentliches Ziel verfehlt. Auf welchem Wege das Centralcomité seine erstaunliche Allwissenheit erlangte, welche die Regierung so oft ausser Fassung brachte, wird wohl noch lange ein Geheimniss bleiben. Auch diesmal wusste diese geheime Behörde den Zeitpunkt der Aushebung voraus und konnte ihre zukünftigen Soldaten noch rechtzeitig warnen. Die zur geheimen Organisation Gehörigen in Warschau entgingen fast alle der Aushebung und flüchteten sich in die Wälder von Serozk. Waffenlos und unequipirt, mit Stöcken in den Händen und einem mehrtägigen Brodvorrath in den Taschen, — so waren die jungen Leute ausgezogen.

Das Centralcomité war rathlos.

Von allen Gegenden des Landes, wo die Aushebung allnächtlich erwartet wurde, berichteten die Agenten des Comité, dass sie den Aufstand zurückzuhalten nicht mehr im Stande wären, die Jugend wollte nicht dem Feinde dienen und flüchtete in die Wälder. Ein glaubwürdiger Augenzeuge erzählte mir von einer am 17. Januar stattgefundenen Versammlung der Studirenden der jungen Universität in Warschau, in welcher ein Mitglied des Centralcomité zum ersten Male persönlich als solches sich vorstellte und die Studenten beschwor, aus ihrem Schoosse Deputirte in die Provinz zu entsenden, vielleicht dass es ihren Bemühungen gelänge, die Aufgeregten von dem voreiligen Aufstande abzubringen, wiewohl freilich schwer zu sagen war, wie die Geflüchteten ohne Gefahr wieder zur Ruhe zurückkehren konnten. Die studirende Jugend willfahrte dem Antrage, und einige Freiwillige erboten sich zu dieser gefährlichen Mission, die ihnen bei den Aufgeregten ihren Ruf und selbst ihr Leben leicht hätte kosten können. Aber um die Flamme noch mehr anzufachen, erschien ein amtlicher Bericht über die Aushebung, von welchem schwer zu sagen war, ob seine Lügenhaftigkeit oder sein höhnischer Ton mehr empörte.

„In den Morgenstunden von 1 bis 8 Uhr" (man bedenke, es war im Januar!) hätte die Aushebung in völliger Ruhe und Ordnung stattgefunden. Seit dreissig Jahren wäre kein Beispiel vorgekommen, dass die Konskribirten so frohen Muthes und guten Willens dem Rufe gefolgt wären. In den Rathhaussälen und in der Citadelle, wo sie aufs Beste untergebracht und verpflegt wären, zeigten sie die beste Stimmung und heitere Laune. Viele freueten sich, dem Einflusse der sie zu Müssiggang verleitenden Agitatoren nunmehr entzogen zu sein und dafür in die Schule der Ordnung, welche der Dienst ihnen böte, eintreten zu können. Viele Militärpflichtige, welche entweder weil sie keine Kunde gehabt vom Tage der Aushebung, oder durch andere Umstände behindert nicht angetroffen worden wären, stellten sich noch immer nachträglich bei den Behörden, ja selbst Freiwillige meldeten sich u. s. w. u. s. w."

Das Maass schien voll; das Centralcomité proklamirte den 22. Januar den Aufstand, der in der Nacht vom 22. zum 23. mit dem Ueberfalle der Garnisonen an elf Stellen begann.

Was weiter erfolgte, gehört nicht mehr in die Vorläufer des Aufstandes.

Als Wielopolski die Meldung überbracht wurde, dass der Aufstand ausgebrochen wäre, soll er gesagt haben: „Ich habe mich bemüht, dass das Geschwür reif werde, jetzt ist es an den Soldaten, es aufzustechen." Wer den Mann kennt, weiss, dass dies wenigstens seine Art zu sprechen ist. Ob dieser Staatsmann mit der Rekrutirung die Beschleunigung des Aufstandes beabsichtigt hat, in der Hoffnung ihn dann um so schneller erdrücken zu können, oder ob er nicht vielmehr zu den stolzen Charakteren gehört, die alle Folgen ihres Thuns als berechnete und beabsichtigte gelten lassen mögen, — das wagen wir nicht zu entscheiden. Aber dass die Rekrutirung einzig und allein die Fortschaffung der Verdächtigen zum Zwecke hatte, ist unleugbar, eben so, dass die Regierung auf bewaffneten Widerstand bei der Aushebung vorbereitet war, der nur darum nicht erfolgt ist, weil die Verschworenen geflüchtet, und weil bei den russischen Behörden besonders Diejenigen zu den „Notirten" gehörten, die dreimal ohne Laterne betroffen worden, die den Statthalter zu grüssen unterlassen oder durch ähnliche Uebertretungen ihre gefährliche Gesinnung dokumentirt hatten.

Eine humane Regierung lässt die Gefahr eines Aufstandes, wenn sie ihr auf gesetzlichem Wege nicht zuvorkommen kann, an sich herankommen, trifft militärische Vorkehrungen für den äussersten Fall und geht endlich, wenn die Zeit gekommen ist, mit Widerstreben an die Nothwendigkeit, ihre eigenen Felder mit Blut zu düngen.

Nicht jede Verschwörung ist bis zur Revolution gediehen, im Gegentheile, die meisten zerschlagen sich, wie dies sehr natürlich, im letzten Augenblick an der Unentschlossenheit der Leiter oder der Geleiteten. Und hier in diesem Falle hatte die Aufstandspartei in Polen auf eine gemeinschaftliche Aktion der socialen Revolution in Russland gerechnet, mit der in Verbindung sie das russische Reich zu bekämpfen trachtete. Wie gross aber auch in Russland die Unzufriedenheit Derjenigen sein mag, welche auf freiheitliche Institutionen schon lange vergebens warten, so geht sie doch über die gebildeten Kreise nicht hinaus, während die niederen Volksmassen noch weit entfernt sind von dem Bedürfniss nach bürgerlicher Freiheit. Die sociale Revolution in Russland war, wenn auch ihre Häupter auf das nächste Frühjahr sich anzuschicken verkündeten, bei Weitem noch nicht zum Ausbruche reif; somit hätte ohne die Provokationen der Regierung auch der polnische Aufstand noch lange gezögert und wäre schliesslich an dem Widerstreben der Nation gescheitert, welche reicher als jede andere an bitteren Erfahrungen auf dem Gebiete gewaltsamer Umwälzungen ist. Aber höhnende Verachtung der nationalen Gefühle, trotzige Herausforderung der Volksleidenschaften neben gewaltsamer Erdrückung jeder freien Regung haben endlich die Gefahr heraufbeschworen, welche die misstrauische Regierung vom Beginn der Bewegung des Jahres 1861 unablässig witterte, und die Rekrutirung hat die ersten verzweifelten Soldaten für den Aufstand angeworben.

Wie sich das Verfahren der russischen Regierung an dieser selbst rächt, so am schwersten an dem Manne, der statt der kalten Besonnenheit eines wahren Staatsmannes leidenschaftliche Gereiztheit mit in sein Amt gebracht hat, und jetzt seiner Würden enthoben in nicht ganz freiwilliger Verbannung aus der Ferne auf die rauchenden Trümmer seines polnischen Vaterlandes blickt und nur die traurige Genugthuung hat, der von ihm bitter gehassten deutschrussischen Partei auf lange Jahre zum Siege am Petersburger Hofe verholfen zu haben, den sie zum Verderben Russlands und Polens und der russischen Dynastie für ihre Privilegien ausbeuten wird.

www.ingramcontent.com/pod-product-compliance
Lightning Source LLC
Chambersburg PA
CBHW021845230426
43669CB00008B/1088